正しく読み、深く考える

日本語論理トレーニング

中井浩一

講談社現代新書

1981

はじめに

本書は「論理トレーニング」のための本です。しかし、「論理」とか「論理トレーニング」というと、やはり特別な感じがすると思います。普通の人々の日々の暮らしからは、かけ離れたイメージがあります。「学問」「研究」や「論文」などに限定され、何か特別で、「偉そう」で、小ムズカシく、面倒くさそうです。

そうではなく、もっと広く一般に、どなたの日々の生活の中にもあり、どなたの意識の中でも働いているのが「論理」だと思います。私たちは誰もが、ことばを使って感じ、考えています。そこで大きな役割を果たしている「論理」。それを自覚的にとらえて、意識的にトレーニングをするかどうか、それが大きな違いになっていくと思います。

しかし、「論理」は日々の生活のレベルには止まりません。「世界は論理でできている」のです。自分や他者の言動にも、学校や会社での活動や組織運営にも、もっと広く社会の現象一般に、つまり政治や経済、文化の諸問題にも、論理が大きく働いていると思います。

そこまでを視野に入れながら、本書では、誰もが使っていることばや文章の中から「論理」を考えてみたいと思いました。

それは狭い意味では「国語」教育の中核になるべきものですし、広く学習や研究一般の基礎となります。入試や面接などでも使えます。日々の仕事にも役立てていただけるでしょう。企画や営業、プレゼンテーションや議論でも、その基礎となる力だと思っています。

そうした意味で、日々の自分の生活や仕事を自覚的に行い、納得しながら生きていきたいと思っているすべての方々のために、本書を捧げたいと思っています。

さて、これから本書を読まれるみなさんのために、本書の構成を説明しておきます。

第一章、二章は全体への序論です。第一章は、論理教育、国語教育における日本社会の現状に対する問題提起です。第二章では私の方法についてのイメージを持っていただくために、日常生活や、ことわざ、小説の中に論理をさがしてみました。

第三章からが本編ですが、第三章から六章までは、三つの主要論理の練習です。第三章と四章は「対《つい》」と「言い換え」を扱います。第五章は分類と矛盾を取り上げます。これは「対」と「言い換え」の応用問題です。最後に第六章で「媒介」を取り上げました。

第七章は論理を文の流れから読む練習です。そして、最後の第八章では、第七章までの練習をふまえて実際に長めのテキストを読みます。
第三章から七章までは、この順番で読んでいただくのがよいと思います。ムズカシい箇所は飛ばし読みで結構ですから、ぜひ最後までお読みください。方法のイメージだけはくっきりと見えてくるはずです。

では、良き航海を！

目次

第一章　「論理トレーニング」と「国語」教育

1 「国語って、勉強してもしなくても変わらない」

読者のみなさんは、小学校、中学、高校と長い期間にわたり「国語」を学んだことでしょう。さらに大学で本や文献の読み方を学び、レポートや論文の書き方を学んだ人もいることでしょう。しかし、それらが現在の生活に役立っているでしょうか。ほとんど何の意味もなかった。そう思っている人が多いと思います。

「国語って、勉強してもしなくても変わらない」。私は高校生を対象とした国語専門塾を主宰していますが、こうした声が中学生や高校生からよく聞かれます。いや彼らだけではなく、社会一般の圧倒的多数の声と言ってもよいでしょう。

まったく、国語くらい重要だと言われながらも、バカにされている教科はありません。小学校では「主要四教科」、中学・高校では英数とならんで「主要三教科」と言われながらもです。事実、英語や数学のためには塾や予備校に通っても、国語はほうっておかれています。

「現代文は勉強法がまったくわからない。数学とか英語だったら、こうやればこう伸びるという予想がつくけど、現代文に関しては何をやればいいかわからない。がむしゃらに問題集を解いてもできるようにはならなかった」。こんな声も多いのです。

その結果、「国語ってセンスでしょ」とか、「本をたくさん読んでいないから、国語ができない」とかといった俗論がはびこるのです。また、他教科は実用的で、現実と関わっていると思われていますが、国語は全く実用的でないと思われています。せいぜいが「教養」になるぐらいです。

私は二十年以上にわたって、高校生を中心に、中学生や大学生・社会人の方々に文章や本の読み方を指導してきました。その経験をふまえて申し上げるのですが、こうした俗論はすべて間違いです。国語にセンスは関係しても、それは無視してもよい程度です。本をどんなにたくさん読んでいても読めない人はいます。いやほとんどの人がそうです。国語には本当は正しい方法があります。そして、国語はすべての教科の基礎なのです。それは実用的どころか、現実と深く切り結び、みなさんの悩みを解決し、この社会を変えるために威力を発揮します。

2　国語力って、本当に「能力」？

しかし、私のような意見が広がることはありません。世間の大声、大合唱に圧倒されてしまっています。なぜでしょうか。

実際の教育現場で、本来の国語の指導がなされていないからだと思います。そこには国語教育のきちんとした「方法」が存在しないように見えます。どうしてそうなってしまうのかと言えば、国語とはどういう能力を養成する教科なのか、それがはっきりしていないからだと思います。

「えっ、国語って能力なの!?」。ほら、読者のみなさんは驚かれるでしょう。しかし国語は立派な能力なのですよ。ではその能力とは何でしょうか。それは一言で言えば、思考力のことです。つまり論理の運用能力です。

「国語」と言うとあいまいですが、「日本語」と言えばはっきりするでしょう。日本人は、日本語で考え、日本語で生きているのです。その能力が問われているのです。それがはっきりすれば、その「トレーニング方法」とは、まずは「思考トレーニング」、つまり「論理のトレーニング」に他ならないことがわかるはずです。

このことは「国語」と他教科との関係を考えればはっきりするはずです。国語の教科書を広げてみて、そこにどんな種類の文章がはいっているかを調べてみましょう。評論、報告文、紀行文、インタビュー、ルポ、手紙、コラム、エッセイ、小説など、ほとんどあらゆるジャンルがあります。しかし、注意してほしいのは、そのテキストのナカミです。その内容を見れば、ほとんどすべての教科に関係していることがわかります。たとえば異文化理解や人権をテーマにした社会科のナカミが入っています。自然との関わり方やエコロジー等の理科も入っています。数の不思議やコンピュータ言語などの数学もあります。日本語と外国語の比較をする言語学のナカミもあります。音楽も美術も保健体育も家庭科もあります。

およそすべての教科の「内容」がそこにあるわけです。しかし、そうであるならば、なぜその内容を、わざわざ国語科で学習しなければならないのでしょうか。それはそれぞれの教科でやればよいはずです。

では、国語の時間に学習しなければならないこととは何でしょうか。それは文章の「形式」を読むということです。すべての文章はその固有の「内容」を、それにふさわしい「形式」で表現しています。その形式にはジャンルも含まれますが、その核心には「論理」があります。その形式と論理を学習することこそが、国語科、日本語の学習に固有の目的です。

3 「道徳教育」と「文学教育」

ところが、こうした根本の点があいまいにされているだけではありません。むしろ、その正反対のことが、国語教育の名のもとに行われているのです。一言で言えば、「道徳教育」と「文学教育」です。

国語が道徳教育になっていることは、石原千秋氏が『秘伝　中学入試国語読解法』で喝《かっ》破《ぱ》した通りです。小・中学校の国語の時間は、道徳のすり込みに特化していることが多いのです。文章の「形式」を丁寧に読むよりも、その道徳的結論がわかればよいことになっています。つまり、ナカミが読めればよいという内容主義です。そして、それを逆手にとって、内容的にパターン化した方法で、受験問題を解いて見せたのが石原氏の方法です。

しかし、道徳で何が悪いのでしょうか。それが別のものだというだけなら、それほどの問題ではないかも知れません。ところが、道徳はある意味では国語の対極にあるのです。実際に教育現場で行われている「道徳」ではきれいごとが支配し、建て前を読みとることしか求められないからです。そこでは本音や現実の陰の部分が切り捨てられます。しかし、本来は現実に深く切り込み、現実と徹底的に格闘することこそが、国語力なのです。

本音や陰の部分にも目を向けることで、立体的な現実像が得られますし、それによって、現実をしたたかに生きていく力を得られるはずです。そこでこそ「論理」が鍛えられるのです。

国語が文学教育になっていることも、よく知られています。小・中の国語の授業では、物語や小説に多くの時間がさかれています。それも、道徳教育に関係します。子どもたちにとって身近でわかりやすい物語を教材にすることが、道徳教育には有効だからです。

全体として日本の国語教育は、評論などに比べて文学の比重が大きすぎ、その指導のナカミでもテキストの分析や論理性よりも感性的で「文学」的なことに偏りすぎ、しかも道徳を教えればよいという内容主義になっているのです。病は重いと言わざるを得ません。

この傾向は、小・中だけではありません。高校でも国語は事実上、文学教育と道徳教育になっていることが多いのです。それは、教員の補給源に大きな問題があるからです。

高校で国語を教えている先生方は、大学で何を学んだ人たちでしょうか。論理でしょうか。文学でしょうか。多くの先生方は、国文科の出身で、文学を研究してきた人なのです。人間は自分の知っていることしか教えることはできません。論理を学んでいない人が論理を教えることはできないのです。

そして、もう一つ言っておきましょう。国語が道徳教育になっている理由についてですが、それは世間や行政からそのように要請されているだけではないのです。基本的に、今の学校（大学も含む）の教員には、道徳しか教えられないという事情があるのです。なぜなら、彼らのほとんどは、学校や大学などの世界しか知りません。しかし、これらの世界は現実の矛盾や厳しさから隔離され、守られてきた場なのです。そうした、現実から浮いた世界しか知らない人には、現実の表面の建て前の世界は教えられても、その厳しい側面は教えることはできないのではないでしょうか。

国語力が論理力だと言うと、すぐに、では文学は教えなくてもいいのか、という反論が出てくると思います。日本人は、日本語で考えるだけではなく、日本語で「感じて」もいるのだ、というわけです。

小・中ならかまいませんが、高校の国語までが文学中心である必要はないと思います。それは、音楽や美術と同じく、「文学」という選択科目であるのが妥当だと思います。必修ではないということです。すべての日本人、高校生が必修として学ぶべきなのは「文学」ではなく、まずは思考力であり、論理の運用能力に他なりません。文学を読む上での基礎にも、やはり論理があるのです。それは音楽や美術の基礎にそれがあるのと同じことです。

4　大人のための「日本語トレーニング」

幸いにも、本書の読者は大人の方々です。子どもたちではありません。日々、リストラの危機やグローバリズムの嵐に巻き込まれながら闘っているサラリーマンの方々です。行政改革、公務員改革、地方分権などでもみくちゃになっている行政マンの方々です。老人介護や家庭内離婚、子育てや子どもの受験で悩みを抱えている主婦の方々です。みなさんは酸いも甘いもかみ分けられる大人の方々です。社会にもまれ、現実の裏も表も見てきています。人間関係の難しさもよく理解し、本音と建て前の使い分けにも習熟されています。それでこそ、国語のスタートラインに立てるのです。今こそ、大人のための「日本語トレーニング」を始められます。

「道徳国語」とはさようならです。学校の試験や入試のために勉強する必要もありません。もはや建て前で発言したり、人の顔色を見たりする必要はありません。本当に自分自身のために、現実を深く理解するために、家庭や社会を深く理解するために、リアルな認識を持つために、国語を勉強するのです。

本当に、幸いなるかな、です。それでこそ、本当の学習を始められます。私たちは現実と向き合っていますが、それを媒介するのはことばであり、思考力です。私たちは他人とコミュニケーションをしますが、それもことばによるのです。この他人とのコミュニケーションの一つが文章を読むこと、書くことです。ことばによらないコミュニケーションもありますし、直感力も大切です。しかし、最後には、やはりことばを駆使し、思考力でまとめてこそ認識が確かなものになります。身体的コミュニケーションや直感力も、ことばによって磨かれるのです。

5　シンプルで簡単な方法

さて、以上を理解してもらったとします。しかし、その先がまた問題です。「形式」を学ぶこと、「論理」を学ぶことの重要さはわかったとして、それはしちめんどうで、ムズカシいのではないか、と不安にならないでしょうか。もう何度も「論理」トレーニングに挑戦したが、結局ものにならなかった。結局は「机上の空論」で役立たなかった。そうした苦い思い出のある方もいるでしょう。

そもそも日本の教育現場において、「論理トレーニング」はどこでどの程度行われているのでしょうか。国語教育のほとんどは道徳教育や文学教育です。しかし中学や高校の社会科や国語科の一部でディベートが取り入れられるようになってきました。模擬裁判なども行われるようになっています。「国語」の枠内でも、大学受験対策では論理的な読解が問われますし、予備校などで行われるマニュアル的な指導の中にも「論理トレーニング」的な要素があります。多くの支持者を得ている参考書や問題集もあるようです。「小論文」のマニュアル的指導にも「論理トレーニング」的要素が含まれます。

では大学ではどうなのでしょうか。ほとんど何も行われてこなかったと思います。有名になった東大の野矢茂樹氏の『論理トレーニング』は、そうした現状を打破するものだったからこそ、話題になったのでしょう。

彼は大学の現状への批判から始めています。大学の「論理学」の授業は「記号論理学」一辺倒で、そのままでは「ただの珍奇な代数」で、現実には役立ちません。そこで野矢氏は、記号論理学はもちろんのこと、ディベートや「反論」に関する本を読んだり、大学の教員が毛嫌いしそうな「受験参考書」にも丁寧に目を通し、模索した末に、たどり着いたのが『論理トレーニング』でした。

『論理トレーニング』の最大の価値は、その実践性、実用性にあったはずです。だからこそ評判になり、かなり売れたのでしょう。大学生よりも一般サラリーマンが読んでいるようです。

こうした現状を見れば、日本社会全体に少しずつ「論理」の意味やその「トレーニング」法が意識されてきていると思われます。私は、これらの実践を積み重ねてきた方々の努力に敬意を払うものです。

しかし、それもまだ緒についたばかりだと思います。こうした流れを、よりしっかりとした巨大なうねりにまで高めたいものです。今回、私の方法を公表するのもそのためです。

私の方法はごくごく簡単なものです。わずか三つの論理しかありません。反対の関係の「対《つい》」、同一の関係の「言い換え」、橋渡しをする「媒介」です。この三つの組み合わせで、すべての論理を読み解くのです。

それは中学生以上のすべての人がやっていけるような簡単な方法です。そして、そのトレーニングによって、論理の能力を向上させ、複雑で難解な文章や本も理解することが可能です。そして、何よりもこの方法は、現実をどこまでも深く考えるために威力を発揮します。それは、第三章以下で確認してみてください。

第二章　生活の中の論理

本書では、「対《つい》」と「言い換え」と「媒介」の三つの論理のトレーニングをしていくのですが、まず最初に、それらのイメージを持っていただくために、日々の暮らしの中に働いている論理を考えることから始めたいと思います。

1 日常会話には「対」と「言い換え」がいっぱい

若い人々が集まれば、すぐに男性論、女性論で盛り上がるはずです。男だけならば、「お前の好きなのは『悪女タイプ』か、『世話女房タイプ』か、どっちだ」。女性たちが集まっても、同じでしょう。「あなたが好きなのは、誠実で優しいタイプ、それとも遊び人タイプのどっち」。

こういう時は、普通は二択で比べますよね。街角インタビューで六人ぐらいを示して選ばせる場合もありますが、これでは直感で選ぶしかなくなります。別に三人でも、四人でもよいのですが、二人か二つのタイプのことが多いと思います。こうした形が「対」(対比)の素朴な形でしょう。

野球ファンなら、好きなチームを比べ合って議論することも多いでしょう。巨人ファンか、阪神ファンか。どちらかにはっきりと色分けされるでしょう。一般的に、いわゆるライバル関係では、対になっていることが多いと思います。正反対のあり方としてとらえるからこそ、議論は白熱するのです。巨人と阪神、王と長嶋、桑田と清原。これは、優等生タイプと野性派に分けて、いずれかに感情移入しているのだと思います。

面白いのはアンチ・ジャイアンツ派が多数存在していることです。別にどこかの球団のファンではなく、ただ巨人が負けることを生きがいにしている方々です。それだけ巨人が他を圧倒していることにもなります。その際、巨人は、力はあっても面白みに欠ける存在、または金や政治力などの横暴の象徴になっているのでしょう。ここにも対があることは明らかです。

こうした対比、比較はみながよく行っていますね。日本について語るとき、日本と西洋、日本とアメリカといった比較がよくされます。最近ではアジアの中での議論も多くなってきて、日本と韓国、日本と中国などの比較も多いですね。

男と女の比較も永遠のテーマの一つでしょう。フランスの映画で、クロード・ルルーシュ監督の『男と女』という名画もありました。

政治的スローガンにもよく対が出てきます。有権者に、双方の対立点をはっきりさせて、選択を迫るためですね。「大きな政府か、小さな政府か」「官から民へ」「抵抗勢力か否か」「規制緩和か規制強化か」「市場原理至上主義か否か」。

こうした比較の例をあげれば切りがないですが、比較はそれほどに重要です。実は、考えるということは、比較から始まったという説もあるぐらいです。

こうした「対」に対して、「言い換え」も、普通によく使用します。「ソレ取って」。「コレかい」。「ソレだよソレ」。「この間のアレだけど、どうなった」。「アノときね、面白かったね」。親しい人たちの会話では、こうした指示語が多用されますね。これは指示対象を「コレ、ソレ、アレ」で言い換えているわけです。

もっとはっきりとした言い換えもあります。「あいつはダメだよ。つまりね、きちんと自分の意見を言うべきときに言えないのは、ろくな奴じゃないよ」。「簡単に言えば、あいつをオレは認めないということだ」。この「つまりね」や「簡単に言えば」が言い換え記号ですね。

ことばの意味や定義についても、よく言い合います。「さっきのは、そういう意味で言ったのじゃあないよ。言うべきときにはハッキリ言うべきだと、言いたいんだ」。「そうじゃないよ。国際理解とは自国の理解のことなんだ」。

そして相手が難しい言い方をした場合に、「どういうこと?」とか、「たとえば?」とか聞き返します。「それは……ということだよ」「たとえば、……」と答えます。これらも広く取れば、言い換えと言えるでしょう。

2 小説やことわざの中にも「対」と「言い換え」がいっぱい

こうした「言い換え」は、「対」と組み合わされて使用されるのが普通です。次にそれを見ていきたいのですが、こうした生活の中の論理をあざやかに描き出しているのが小説です。しかし大人の会話のやり取りでは難しくなってしまいますから、中学生の視点から描かれた重松清著『エイジ』を取り上げましょう。

この小説は一九九八年に書かれました。当時は中学生がそれまでになく注目され、議論の的になった年です。きっかけは、前年に神戸で起きた「酒鬼薔薇聖斗」による児童連続殺傷事件です。逮捕されたのは一四歳の少年でしたから、メディアが騒然となりました。「キレる」という言葉は、このときのキーワードです。

エイジも中学二年生(一四歳)。通り魔事件の犯人が逮捕されますが、それが同じクラスのタカやんだったことから大騒ぎになります。マスコミが押しかけ、学校内でのドタバタ劇が繰り広げられます。

エイジは、良い家庭の「良い子」を演じていることに、かなり自覚的な、自意識過剰の生意気な中学生です。そして、実感をことばにする能力を持っています。

例えば、エイジは、親友が部活内部で「シカト」されていることを知って、いじめにも二種類あることに気付きます。

東中学には、いじめはない——と先生たちは胸を張る。（中略）

でも、先生たちは、シカトのいじめには気づいていない。（中略）

シカトと他のいじめには、目立つかどうか以外にも、はっきりとした違いがある。暴力や金がからむいじめは暴行とか傷害とか恐喝とかの犯罪にくっつくけど、日本の法律に無視罪という犯罪はない。言葉のいじめに対して「二度とそんなことを言うな」と説教する先生も、シカトを叱るときに「二度と無視するな」とは言えないはずだ。なぜって、誰としゃべろうが誰としゃべるまいが、それは個人の自由なんだから。

頭いいよなあ、とぼくはシカトのいじめを世界で初めて考えついた奴を尊敬する。相手の存在を無視するのは、究極のいじめだ。これに比べれば、殴ったり蹴ったり傷つく言葉をぶつけたりするのなんて、相手と接点を持つぶん甘いんじゃないかとさえ思える。

ここには、「シカトのいじめ」と「他のいじめ」の二つのいじめが比較され、その違いが対で表現されます。それは次のようにまとめられるでしょう。

他のいじめ	気づきやすい	目立つ	犯罪	個人の自由ではない	相手と接点を持つぶん甘い
シカトのいじめ	気づきにくい	目立たない	犯罪ではない	個人の自由	相手と一切の接点を持たない究極のいじめ

また、エイジは「キレる」ということばの意味、定義を問題にします。マスコミや大人たちが使用している「キレる」は、エイジにはしっくりきません。何か違うのです。そこで彼の実感に即して、次のように述べます。

ぼくはいつも思う。「キレる」っていう言葉、オトナが考えている意味は違うんじゃないか。我慢とか辛抱とか感情を抑えるとか、そういうものがプツンとキレるんじゃない。自分と相手とのつながりがわずらわしくなって断ち切ってしまうことが、「キレる」なんじゃないか。

これはもちろん直感的で比喩的な表現ですし、「対」で論理的に説明されてはいません。しかし、大人たちの定義に対して、自分の定義を対置しているのですから、そこには明確な対の意識があるはずですね。

さらにエイジは、そこかしこで高度な認識を披露します。たとえば次のように。

「いやな世の中になっちゃったね、ほんと」

母はため息交じりに言った。決まり文句が、今日も出た。それで少しホッとした。タカやんのことが、ダイオキシンや汚職や環境破壊や手抜き工事と同じぐらい遠くになる。「世の中」とは「ウチの外」の意味なのかもしれない。便利な言葉だ。これからどんどんつかおう、なんて。

エイジは、母親のなにげない一言から、その矛盾を突きます。こうした例はたくさんあげられます。『エイジ』の中の個々の箇所だけではありません。この小説では、通り魔になったクラスメートのタカやんに、エイジが自分自身を重ね合わせ、その行動をイメージしたり、その行動を模倣したりします。そして、タカやんの心理と生理を追体験した果てに、エイジはこう言います。

タカやん、オレはもう、ここまでおまえと同じになった。だから、だいじょうぶ、オレはおまえじゃない。

ここには一致（言い換え）と相違（対）が矛盾の表現でまとめられています。一致したゆえに、違うというのです。深い洞察には、こうした矛盾表現がつきものです。

このように、小説には、見えにくいですが、実は論理が張り巡らされているのです。もちろん、わざとそうしているのではないでしょう。生活や人間の行動や意識が、論理で動いているために、小説にもはっきりとした形で表れるのだと思います。

こうした日常の論理が集約されて保存されているのが「ことわざ」です。そもそも「ことわざ」とは何でしょうか。それは民衆の生活知、生活の中から生まれた知恵の結晶だと思います。そしてその知恵を、端的にずばりと表現するときに、論理が純粋な形で表れます。

たとえば、次の例はどうでしょうか。

「花よりだんご」「論より証拠」「あちら立てれば、こちらが立たず」

これらが対であることは、すぐにわかりますね。

「言わぬが花」

これは定義、説明ですね。つまり、言い換えの例です。

比較（対）と言い換えの組み合わせもあります。

「聞くは一時の恥、聞かぬは一生の恥」

では、次はどうですか。ここには、どうも屈折した構造があるようです。

「負けるが勝ち」「かわいさ余って、憎さ百倍」「いそがばまわれ」「かわいい子には旅をさせよ」「弘法も筆の誤り」

普通には反対とされていることが、結びつけられています。

表面的な理解ではなく、深いレベルの認識になると、こうした逆説的な表現になることが多いのです。ことわざには多用されますね。知恵の知恵たるところです。一筋縄ではいきません。

3 「媒介」は「三角関係」の論理

さて、「対」と「言い換え」について説明してきましたが、もう一つの重要な論理、「媒介」を紹介しておきましょう。これも普段から意識されていることです。

思春期の恋愛を例にしましょう。男子がある女子を好きになったとき（逆も同じです）、どうするでしょうか。恥ずかしくて直接には告白できない場合、多くは友人に橋渡しを頼むでしょう。自分と相手をつないでもらうのです。これが媒介です。媒介では図のような三角形を描くと理解しやすいと思います。

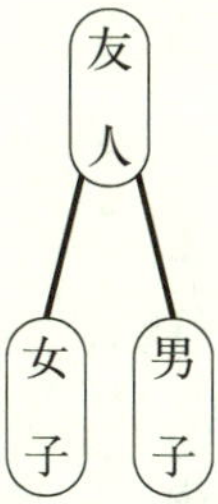

恋愛関係でのいわゆる「三角関係」も媒介です。一人の女子をめぐって二人の男子がからむケース。または逆の場合。小説やドラマの定番で、この関係が生じなければ何も始まりません。夏目漱石の小説は多くが、この関係が創作の前提になっているようです。

たとえば『こころ』では、Kと先生との関係に、「お嬢さん」が入ってくることで、何かが起こり始めます。

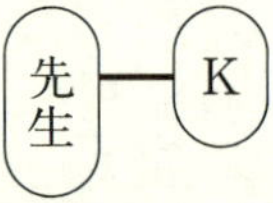

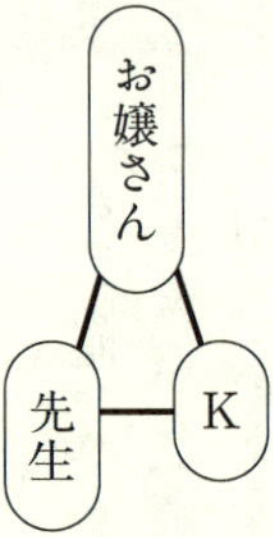

媒介はことわざにも多用されています。

「子は鎹《かすがい》」

子どもが夫婦の媒介だということです。

「あちら立てれば、こちらが立たず」

これは、先に対の例として紹介しましたが、媒介の例でもあります。こうつぶやいている人は、まさに、あちらとこちらの媒介者の役割に立たされているのですから。

以上、日々の生活の中にあり、どなたの意識の中でも働いている論理を紹介してきました。「対」と「言い換え」と「媒介」の三つについては、ある程度、イメージを持っていただけたと思います。

では次章から、少し形にこだわりながら、トレーニングをしていこうと思います。数行の短い文章を使って、基礎的な練習を積み重ねていきましょう。すでにお話ししたことを整理しながら、かなり意識的にやっていただきます。「意識的」というところが大切です。論理は特別なものではなく、みなさんの普段の生活の中で働いています。しかし、それを自覚してはいませんし、無意識的にそうした感じ方や考え方をしているのです。それを少しばかり「意識」してやってみましょう。それによって論理力を高め、みなさんがより深く、しっかりと考えていけるようになるためです。

第三章　「対」と「言い換え」

論理の基本は三つしかありません。「対」と「言い換え」と「媒介」です。さらに言えば「対」と「言い換え」こそが核心中の核心です。極端に言えばこの二つが十分に理解できれば、論理トレーニングの八割方は完成したと言えるぐらいです。したがって、まずはこの二つを徹底的にトレーニングしたいのです。

1 「対」をおさえる

文章は「対概念《ついがいねん》」からできています。ですから、対概念を理解し、対概念で文章を読むことが、すべての根本になります。

「対概念」とは、あるものとあるものとの「対比」「対立」の関係です。やさしく言えば、AとBの二つでセットになった組み合わせのことです。例えば男と女、右と左、上と下、親と子などです。これは普通には「反対」として理解される関係ですね。本書ではこれを簡潔に「対《つい》」と呼ぶことにします。

対の原則

★対になるAとBをおさえよ！

★対の意味を考えよ！

先にあげたことわざの例で説明しましょう。

花［より］だんご

論［より］証拠

花 ×	論 ×
だんご ○	証拠 ○

（否定を×、肯定を○としておきます）

この花とだんご、論と証拠が対になっています。［より］は端的に対を明示する記号です。よく使われますね。

普通の文章でも同じです。

その人は、都会の人ではなくて、田舎の人のようです。
私は、婉曲で間接的な表現よりもむしろ率直で直接的な表現の方が好きです。

都会の人　×
田舎の人　○

間接的な表現　×
直接的な表現　○

「対」関係の語句を文中から見つけることは簡単です。対は、多くの場合「論理記号」によって明示されるので、それに□をつけながら、何と何とが対になっているかを考えればよいのです。たとえば、「AではなくBだ」というときの、AとBとが対です。「AよりB」「AよりもB」「AよりもむしろB」というときの、AとBも対です。こうした「ではなく」や「より」「よりも」「よりもむしろ」を私は「論理記号」と呼びます。他にも「AあるいはB」等があります。ここで、対になるAとBは、文中の要素(品詞)、役割(主語、目的語など)としては同じでなければならないことに注意してください。
こうして対になっているAとBとが確定できたならば、次にその両者がどういう意味で反対なのか、それを考えるのです。

ここでは「都会の人」と「田舎の人」、「間接的な表現」と「直接的な表現」とが対になっています。これらが反対の関係であることは自明ですね。こうした場合は特別に考える必要もありません。しかし、自明ではない場合がほとんどです。その場合には、AとBの対の意味を考えてみるのです。

対の意味を考えよ！

★対になるAとBは、それぞれ対象をどの視点から見ているのか
★AとBに並ぶ、他の視点はないのか
★AとBを簡単な「反対の言葉」（対概念）で言い換えてみる

たとえば、「都会の人」と「田舎の人」とが対であることを改めて考えてみましょう。

ここでは、人を区別していますが、その暮らす場所に着目し、「都会」と「田舎」という反対の側面から見ています。そして、「都会」と「田舎」に並ぶ他の視点はありません。

そもそもそれが、「都会」と「田舎」が反対だという意味なのです。

「間接的な表現」と「直接的な表現」でも同じです。両者は表現を、その表現方法の「間接性」と「直接性」で区別しています。これらに並ぶ他の視点はありません。
もっとも、「都会」と「田舎」、「間接」と「直接」という語句は、最初から反対の関係として知られていますね。しかし、対になっていても、その反対の意味が自明ではない場合がほとんどです。そうしたときには、改めてその対の意味を考えてみなければなりません。やってみましょう。

先に紹介した重松清著『エイジ』では、「キレる」ということばの意味が問題になりました。マスコミや大人たちの「キレる」の使用法に、エイジは反論します。

ぼくはいつも思う。「キレる」っていう言葉、オトナが考えている意味は違うんじゃないか。我慢とか辛抱とか感情を抑えるとか、そういうものがプツンとキレるんじゃない。自分と相手とのつながりがわずらわしくなって断ち切ってしまうことが、「キレる」なんじゃないか。
体じゅうあちこちをチューブでつながれた重病人みたいなものだ。チューブをはずせばヤバいのはわかっているけど、うっとうしくてたまらない。細くてどうでもいいチューブなら、あっさり——オトナが「なんで?」と驚くほどかんたんにはずせる。でも、太いチューブは、暴れても暴れてもはずれない。逆に体にからみついてくる。

ここには明確な対が隠れているはずです。それは何でしょうか。対概念を使って考えてみましょう。

〔マスコミや大人たちの使用法〕
我慢とか辛抱とか感情を抑えるとか、そういうものがプツンとキレる
〔エイジの感じ方〕
自分と相手とのつながりがわずらわしくなって断ち切ってしまう

エイジはこのように自分の感じ方を対置し、自分と相手とのつながりの「わずらわしさ」について、チューブにたとえて説明します。

「太いチューブ（自分と両親などとの関係）は、暴れても暴れてもはずれない。逆に体にからみついてくる」。

太いチューブは
- 暴れても暴れてもはずれない。×
- 逆に体にからみついてくる。○

この対が表している葛藤が感じられなければ、彼らの「キレる」理由がわからないでしょう。彼らとて、周囲との関係は簡単にキレるようなものではなく、それゆえに苦しんでいるのです。だからこそ、逆にキレてしまうのでしょう。

さて、では二つの「キレる」の理解のちがいを考えましょう。この二つは、それぞれ、対象をどの視点から見ているでしょうか。そして、それらに並ぶ他の視点はないのでしょうか。

「我慢とか辛抱とか感情を抑える」というとらえ方は、個人の内的な問題、または「しつけ」ができているかどうかといった道徳的な問題として考えているようです。それに対して、エイジは「自分と相手とのつながり」に着目しています。これは、中学生を、家庭や学校社会の広がりの中でとらえていることになります。そして、エイジが「つながり」ゆえの「わずらわしさ」を問題にするのは、思春期の自立の問題に直面しているからだと思います。

個人の内面の道徳　×
個人の外の社会関係　○

倫理や道徳という観念性　×
自立の葛藤という現実性　○

この両者の比較は「個人の内面の道徳」と「個人の外の社会関係」とまとめられるでしょう。こうとらえれば、これらに並ぶ他の視点がないことも確認されます。また別の視点から「倫理や道徳という観念性」と「自立の葛藤という現実性」ともまとめられるでしょう。これらに並ぶ他の視点はありません。中学生は、家庭と学校が中心とはいえ、現在の混沌とした社会の中で生き、自立のための葛藤に苦しんでいるのです。そうしたことがわからないマスコミや大人たちの理解がどんなに表面的なものだったかがわかります。

以上、対の簡単な説明をしてきました。しかし、実際の文章は「対」だけで構成されることは少なく、「言い換え」と合わさって表現されることが多いのです。

2 「言い換え」をおさえる

言い換えの原則
★言い換えになるAとBをおさえよ！
★言い換えの意味を考えよ！

「言い換え」とは、あるものとあるものとの相同関係です。やさしくいえば、同じことを別のことばで置き換えることです。たとえば、「Aすなわち B」「A。言い換えると、B」というときの、AとBとが言い換えです。言い換えは、①「すなわち」「つまり」「言い換えると」「たとえば」などの「論理記号」や、②「指示語」によって明示されるときと、③語句を語句で言い換える場合のように明示されないときの二つの場合に分かれます。

語句の「言い換え」の三種類

- 言い換え
  - 明示される
    - 論理記号「すなわち」「つまり」など＝①
    - 指示語「これ」「それ」「あれ」といった代名詞など＝②
  - 明示されない（語句と語句などが直接に言い換えられる）＝③

言い換えになるAとBは「直前・直後」にありますから、何と何とが言い換えられているかに注意し、言い換えられた意味を考えてみるのです。AとBは、文中の要素（品詞や役割（主語、目的語など）としては同じでなければならないことに注意してください。

やってみましょう。

〈例文1〉

古典が偉大なのは、たんにそこでいわれていることじたいによってではなく、そこでいわれようとしていること、すなわちそれが私たちに投げかける志向性の影によってである。

（西郷信綱「古典の影」）

古典が偉大なの（理由）は
そこ（古典）でいわれていることじたい　×
そこ（古典）でいわれようとしていること　○
＝それ（古典）が私たちに投げかける志向性の影

ここにある対を理解するためには、まず三つの「指示語」（二重傍線）が何を受けているかがわからなければなりません。それらはすべて冒頭の「古典」を受けています。

さらに、「すなわち」という「論理記号」が直前の何を、直後の何で言い換えているかをおさえなければなりません。「そこ（古典）でいわれようとしていること」と「それ（古典）が私たちに投げかける志向性の影」とを言い換えていることがわかれば、この文章全体の対が理解できます。「言い換え」は＝（イコール）で表記します。

こうして全体の論理関係をおさえた上で、この対の意味を考えていくのです。ここではすぐに、

表面的　×
根本的　○

現象的　×
本質的　○

といった対が頭に浮かぶのではないでしょうか。それを意識しつつ、その後を読んでいけばよいのです。その後の著者の展開で、私たちの理解が正しかったかどうかがわかりますから。

3　「対」と「言い換え」で読む

ほとんどの文章は、「対」と「言い換え」が組み合わされてできています。次の文はどうでしょうか。

〈例文2〉

自由は置き物のようにそこにあるのでなく、現実の行使によってだけ守られる、いいかえれば日々自由になろうとすることによって、はじめて自由でありうるということなのです。

（丸山真男『「である」ことと「する」こと』）

自由は
- 置き物のようにそこにある　×
- 現実の行使によってだけ守られる　○
  ＝日々自由になろうとすることによって、はじめて自由でありうる

ここには対があり、対の後者「自由は現実の行使によってだけ守られる」が「日々自由になろうとすることによって、はじめて自由でありうる」と言い換えられています。この言い換えで、「だけ」が「はじめて」に対応していることがわかりますか。

さて、このテキストの対は、丸山のことばでは、

- 「である」
- 「する」

の対になるのですが、一般的に言い換えれば

- 「である」＝「受動的」＝「非主体的」＝「依存的」＝「非選択的」＝「非自由」
- 「する」＝「能動的」＝「主体的」＝「自立的」＝「選択的」＝「自由」

と理解するとわかりやすいでしょう。一九六〇年頃の政治の季節に、丸山は一方の政治

的リーダーとして受け止められました。それはこうしたメッセージが単純明快だったからだと思います。

〈例文3〉
今日の論壇で活躍している八宗兼学を自任する士の多くは、「一にして万にゆく」ところの「博学」の士ではなく、実は「万にして又万」なる「多学」の徒に外ならないのではあるまいか。
（西郷信綱「古典の影」）

今日の論壇で活躍している士の多くは、
「一にして万にゆく」ところの「博学」の士　×
「万にして又万」なる「多学」の徒　○

ここには語句の言い換えもあります。

「一にして万にゆく」＝「博学」の士　×
「万にして又万」＝「多学」の徒　○

次にこの対の意味を考えてみるのです。どういう反対でしょうか。西郷信綱はこの直前で伊藤仁斎のことばを引用しながら、博学と多学を比較しています。この比較を受けたのが、前述の対だと考えられます。

博学は猶《なほ》、根あるの樹、根よりして而《しかう》して幹、而して枝、而して葉、而して花実、繁茂稠密《ちうみつ》、筧《かぞ》へ数ふべからずと雖《いへど》も、然れども一気流注して、底《いた》らずといふ所なく、いよいよ長じて、いよいよやまざるがごとし。これにたいし「多学」は布でつくった造花で、らんまんと咲きみだれ人の目をよろこばせはするが、しょせん死物にすぎず、成長するということがない。

博学	根あるの樹	根から幹、枝、葉、花実（と、どんどん成長する）	
多学	布でつくった造花	人の目をよろこばせはするが、しょせん死物	成長しない

ここでは博学を大きな樹に例え、大地にしっかりと根を張った樹が枝を張り、葉を一杯につけ、たわわに果実をつけたイメージを喚起しています。

他方の多学は「布でつくった造花」にたとえられ、きらびやかで美しいが、しょせん死物で成長するということがないとしています。

博学とは「一」つまり「根」となる基本（根本）がしっかりとあることで、多学とは基本（根本）がない、または弱いことと考えられます。問題意識の有無（強弱）と言ってもいいでしょう。

問題意識が強烈な人は、生涯を貫く一つのテーマを持っていて、すべてをその観点から考えています。私の好きなドイツ文学の巨匠であるゲーテやトーマス・マンなどは、生涯現役の作家でしたが、数少ないテーマを繰り返し繰り返し書き続けています。ヘーゲルは壮大な哲学体系を作り上げましたが、必然性を示すこと、つまり「発展とは何か」を生涯追究した人だと思います。その結果が、かの壮大な大伽藍《がらん》になったのではないでしょうか。一方で、そうした芯になるものがなく、その時々のテーマに飛びつくだけの人の方がはるかに多いと思います。

では次はどうですか。

〈例文4〉

思想をその内在的な価値や論理的整合性という観点から よりも、むしろ 「外から」、つまり 思想の果す政治的社会的役割——現実の隠蔽とか美化とかいった——の指摘によって、あるいは その背後にかくされた動機や意図の暴露を通じて批判する様式（以下略）

（丸山真男「日本の思想」）

「つまり」は、「外から」を、直後の「思想の果す政治的社会的役割——現実の隠蔽とか美化とかいった——の指摘によって、あるいはその背後にかくされた動機や意図の暴露を通じて」までで言い換えています。

思想を
- その（思想の）内在的な価値や論理的整合という観点から ×
- 「外から」 ○
  =思想の果す政治的社会的役割の指摘によって、
  あるいは その背後にかくされた動機や意図の暴露を通じて

→ 批判する様式

そして、この言い換え部分に、さらに対があります。

思想の果す政治的社会的役割の指摘によって
その（思想の果す政治的社会的役割の）背後にかくされた動機や意図の暴露を通じて

この対の意味は、表面と裏面でしょう。「現れているもの」と「かくされたもの」と言ってもよいでしょう。このように対が多用されているのが丸山の文章の特徴です。

以上をまとめれば、次のようになります。

思想を
- 思想の内からではなく、
- （思想の）外（現実社会との関わり）から
  - 思想の果す政治的社会的役割の指摘によって（表面）
  - その（思想の果す政治的社会的役割の）背後にかくされた動機や意図の暴露を通じて（裏面）

批判する様式

練習の締めくくりに、新しいところで「オタク」を取り上げましょう。

〈例文5〉
（オタクが）社会的に不合理的であるなら無視すればよいはずだ が、日本人は、逆に「オタク」を評価する一面をもち合わせている。つまり、日本人心理の底流に、現在の社会的合理性の判断基準を超えて、このような徹底的に内向きな役割の精緻化を是認し、それを愛でる心性があるのである。

（小笠原泰『なんとなく、日本人』）

ここで対を明示しているのは、「が」という論理記号です。この「が」は「しかし」と同じ機能を持ちますから、その前文と後文が対になっていることがわかります。この小さな「が」は、対を表して大活躍をしますから、注意してください。

★「が」は前後に対があることを示す論理記号

日本人は
- オタクを無視する　×
- オタクを評価する　○
　＝徹底的に内向きな役割の精緻化を是認し、それを愛でる

「つまり」の前後の言い換えをおさえると、オタクが「徹底的に内向きな役割の精緻化」と言い換えられていることがわかります。これが著者のオタク理解だと言えるでしょう。

ここまで練習してきて、「対」と「言い換え」の感じはつかめてきたと思います。こうしたトレーニングをしていくと、ほとんどの文章はこうした組み合わせでできていることがわかります。

4 「アレかコレか」型と「アレもコレも」型

さて、ここまでの対の例ではすべて、反対になったAとBのいずれか一つが選ばれています。これを「アレかコレか」型と言いましょう。「論理記号」に着目すれば、「AではなくBだ」や「AよりもB」や「AあるいはB」等です。

A ×
B ○

A ○
B ×

これに対して、両方ともがあてはまるような場合もあります。「AもBも」「AだがBもまた」「A、またBも」「A、Bも」などや、「Aと同時にB」などです。これを「アレもコレも」型と言いましょう。ここでもAとBとは対ですから、AとBを簡単な「反対の言葉」で言い換えて、対の意味を考えてみればよいのです。

A　○
B　○

A　×
B　×

〈例文6〉

（日本には）各時代にわたって個別的には深い哲学的思索**も**あるし、**また**往々皮相に理解されているほど、独創的な思想家がいないわけでもない。

（丸山真男「日本の思想」）

深い哲学的思索（＝主体の産物）　○
独創的な思想家（＝主体）　○

これは、主体（生産者）とその主体の産物（生産物）の対でしょう。

ここで対を明示しているのは「も」という論理記号です。この小さな「も」が対を表しますから、注意してください。

★「も」は前後に対があることを示す論理記号

〈例文7〉

「死」は、それ自体は最も個人的な現象であるにもかかわらず、それだけでは済まない社会的な拡がりのなかの現象でもある。家族が肉親の「死」を受け容れるには、時間とそれなりの納得できる経過とが必要である、ということも、社会的に認められてきている。（村上陽一郎「脳死を考える」）

死は
- 個人的な現象　○
- 社会的な現象＝家族にも関わる現象　○

「個人的な現象」が「それ」で言い換えられ、「社会的な拡がりのなかの現象」と対にされています。そして「社会的な拡がりのなかの現象」が、直後の文「家族が肉親の「死」を受け容れるには、時間とそれなりの納得できる経過とが必要である」によって言い換えられ、具体的に説明されています。ここでも「も」が対を明示しています。死は決して当人だけのものではありません。一番近い家族から、関わりのあった人々、そうした社会的な視点からも見ることが重要です。

なお、この個人と社会の対は、重要な対ですからよく使用されます。この対は、個別と普遍の対としても考えられます。

5 「普遍」と「特殊」と「個別」

特殊を入れて、普遍、特殊、個別。この三点セットは、評論では頻出の語句です。それは物事を考える際の核心的な関係を示すからです。他のテキストで練習しましょう。

〈例文8〉
われわれの眼がものを見ているとき、すでにそこにある現実、さまざまな事物や出来事を個別的に見ているのではなく、それらが連続する総体としての世界を見ているのである。
（吉田喜重『小津安二郎の反映画』）

われわれの眼が
ものを見る
そこにある現実、さまざまな事物や出来事を個別的に見ている ×
それらが連続する総体としての世界を見ている ○

ここには「個別」と、「連続する総体」の「総体」が対になっています。しかし、これは正確な対ではありません。総体を全体、個別を部分として、次のように言い換えてみるとよいでしょう。

部分的＝個別的　？
全体的＝総体的＝普遍的　連続する

最後に、個別と普遍の対でまとめましたが、この「普遍」という語句は、きわめて重要です。ここでは個別と対にされましたが、特殊と対になる場合もあります。

いずれにしても、わかりにくい場合は、普遍を全体とし、個別または特殊を部分として言い換えてみましょう。

なお、この対で「連続する」という語句は、総体の言い換えではないと思います。別の視点を出しているのです。これに対応する語句がありませんが、補うとどうなるでしょう。

「孤立した」、「相互に切り離された」、「相互外在的」、といったことばが候補になると思います。こうしたあり方が、「個別的」を別の視点から見た姿なのです。

では、個別と特殊はどう違うのでしょうか。オタク論で「特殊」を見ましょう。

〈例文9〉

オタクは若者の専売特許のようにいわれているが、オタクそのものの存在は非常に日本的なものである。日本の伝統であり、けっして若者の専売特許ではない。

（小笠原泰『なんとなく、日本人』）

オタクは
- 若者の専売特許　×
- 非常に日本的なもの＝日本の伝統　○

また「が」がありますね。その前後が対です。語句の言い換えもあります。「非常に日本的なもの」と「日本の伝統」の言い換えは、記号ナシの言い換えですね。こうしたところを意識的におさえてください。

では、この対は何でしょうか。若者に対して、日本全体を対置しているのだと思います。つまり、部分と全体です。この場合は、特殊と普遍（「日本人」）が対比されているのです。個別も特殊も、全体に対して部分である点は同じなのですが、その中の個々に注目するときは個別、個別が集められたまとまり、集団に注目するときは特殊と言います。「若者」としてくくられているのは、個人ではないですから、特殊になります。

特殊と普遍という表現は難しいですが、評論にはよく出てきます。わかりにくければ、部分と全体と言い換えて、考えてみるとよいでしょう。

第四章　「比較」と「譲歩」

1 「対」と「比較」と

「対」の感じはわかってきたと思いますが、こうした対は、実は「比較」と深く結びついています。先にあげた西郷信綱の〈例文3〉でも、博学と多学の比較を受けて、対が出ていました。次の文章も同じです。

〈例文10〉
①西洋での神の役割を、日本の二〇〇〇年の歴史のなかで演じてきたのは、感覚的な「自然」である。②その結果、形而上学ではなく独特の芸術が栄え、思想的な文化ではなく、感覚的な文化が洗煉された。（加藤周一「近代日本の文明史的位置」）

ここには「西洋」と「日本」の比較がありますね。そして、「神」と「感覚的な『自然』」、「形而上学」と「独特の芸術」、「思想的な文化」と「感覚的な文化」とが対になっていることはすぐにわかるでしょう。そして、これらの対がすべて、言い換えにもなっているのです。つまり以下です。

神＝形而上学＝思想的な文化

感覚的な「自然」＝独特の芸術＝感覚的な文化

これをまとめれば次の表になります。右と左が同じ系列で相互に対になっています。

西洋	神	形而上学	思想的な文化
日本	「自然」	独特の芸術	感覚的な文化

こうした表にしてみれば、この二つの系列が、西洋と日本の比較を表していることがよくわかると思います。

2 「比較」の練習

比較の原則

一方【A】
他方【B】

【A】
それに対して
【B】

【A】
しかし
【B】

【A】
また
【B】

★対になるAとBの範囲を［　］でくくる。
★AとBの対の意味を考えよ！

「一方」「他方」や「それに対して」などの論理記号は比較を示します。しかし、対を導くすべての論理記号は比較を表せます。

これまでは語句と語句とが対のケースを取り上げてきました。ここからは、文と文との対を考えていきます。「文」とは正確には句点で区切られた範囲をさし、その文の中の文（主語と述語アリ）は、主節、従属節などと呼ぶのが普通です。しかし、本書では、そうした節も文と呼ぶことにします。つまり語句のレベルを超えた文的な部分はすべて、文と総称することにします。

先に紹介したことわざから、簡単な比較の例を出しましょう。

「あちら立てれば、こちらが立たず」
「聞くは一時の恥、聞かぬは一生の恥」

これらは文と文との対として図示できます。

①あちら　立てれば
②こちらが立たず

③聞くは　一時の恥
④聞かぬは一生の恥

そして、①と②では「あちら」と「こちら」が比較され、それぞれが「立てる」と「立たず」で対比されます。③と④でも同じです。「聞く」と「聞かぬ」が比較され、「一時の恥」と「一生の恥」が対比されますね。「恥」といったマイナスの事柄に、時間的な「一時」と「一生」を付け加えて対比を強調しています。

このように、対になった文と文の中に、おのおの対になった語句が含まれ、その反対としての意味を明示します。

★対になった文と文には、対になった語句が含まれ、反対の意味を明示する

次のテキストは、柳田国男が始めた日本の「民俗学」と、今和次郎《こんわじろう》が創始した「考現学」を比較したものです。

今和次郎は第一次世界大戦直後の時期に、日本人の服装の現代的変容の問題に着目し、「考古学」に対して「考現学」を創始しました。今はその仕事が民俗学的課題だと考えましたが、柳田はそれを否定します。

〈例文11〉

柳田のいわんとするところは、民俗学というものは、現代の文化変容をテーマとする考現学とはまるっきり違うものだ、という点にあった。「考現学は文化の表層をなぞるものである」のにたいし、「民俗学は文化の深層に探針をおろすものである」との信念があったのであろう。

（山折哲雄『宗教民俗誌』）

考現学は　文化の表層をなぞるものである　＝現代の文化変容をテーマとする

民俗学は　文化の深層に探針をおろすものである＝　？

が比較されています。

この比較の文の中では、「文化の表層」と「文化の深層」が対になっていますね。

この実際の意味を考えるためには、前文の「現代の文化変容をテーマとする考現学」が手がかりになります。この反対が民俗学なはずですが、「現代の文化変容」の反対は何でしょうか。

「現代」に着目するか、「文化変容」に着目するかで違ってきます。「現代」に対しての「過去の文化変容」なのか、または「文化変容」に対して「不変の文化」をテーマとするかですが、「深層」とあることを考えると、「不変の文化」をテーマとしていると考えるのが妥当だろうとなります。

しかし、実際は、柳田も、河童や天狗のように「『過去の』文化変容」をテーマとしていたので、表層と深層との対は成立しなくなります。この矛盾を指摘して、文章は続いていくことになります。この例文でやってみたように、比較からは、いろいろなことが推測できます。

以上は、文と文との関係が対でまとめられる例でした。では三つ以上の文になるとどうなるでしょうか。次の①②③の三つの文の関係を図解してみましょう。

〈例文12〉

①私たちは愛について多く語り、男は女について、女は男についてさまざまな観念をもてあそんでいる。②しかし友情について語る人は、今の世界には少ない。③小説もテレビも、愛についてはありふれた考えをまき散らしているが、人の友たるこ

とについて、言葉を費している実例にはめったにお目にかからない。

（西尾幹二『ニーチェとの対話』）

①と②が対であることは、②の冒頭の「しかし」からすぐにわかると思います。これは愛と友情を比較しているのですね。この①と②の対に対して、③は図のようにまとめられると思います。どうしてでしょうか。

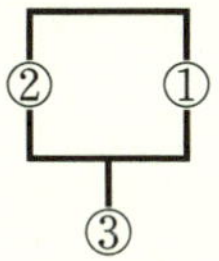

①と②の対は、それぞれの文中の「愛」と「友情」、「多く語り」と「語る人は少ない」との対立で表現されます。ですからまとめれば以下になります。

①愛は多く語られる
②しかし友情は少なくしか語られない

③の文は「が」によって前後に分断され、その前文と後文が対になっていることがわかります。その前後の文中にも、「愛」と「人の友たること」、「まき散らしている」と「めったにお目にかからない」といった語句の対があります。この「人の友たること」が「友情」の言い換えであると気づけば、③の文の前半は①を、後半は②を言い換えたものであることがわかります。

ですから、

①＝③の前半
②＝③の後半

ともまとめられますが、③を前後で分けないで一つに書けば、先の図のようになるでしょう。

ところで、「愛」と「友情」が対だと言いました。ではどうしてこれが対なのでしょうか。この対の意味がわかりますか。ここでは、異性関係と同性関係の対が意識されているようです。

3 「アレもコレも」型

比較における、文と文との関係を見てきましたが、これまでは「アレかコレか」型でした。次に「アレもコレも」型を練習してみましょう。

次は二つの文からなる比較です。

〈例文13〉
（前略）①という意味は、［伝統思想とその後流入したヨーロッパ思想とが全くその実質的性格がちがうという自明の理をいっているのではない］。②また［たんに迎え入れた思想の量的な巨大さと多様さをいうのでもない］。

（丸山真男「日本の思想」）

ここで②の文頭の「また」と文中の「も」の論理記号からわかるように、［　］で囲んだ部分が比較されています。ただし、ここではともに否定されていますね。

①　×
②　×

こうした場合にも、それぞれの文の語句の関係に対が見つかります。それが文と文との関係を端的に表すのです。この場合は「実質的」つまり「質」と、「量的」つまり「量」が両者を規定しています。

それをおさえて、対の意味を文でまとめると以下になります。

①思想の質の話ではない　×
②思想の量の話でもない　×
つまり
①思想の質　×
②思想の量　×

量と質が対であることは、工場での大量生産と工房での職人による手作業をイメージするとわかりやすいでしょう。

では、ここで対と言い換えで読むことの意義を考えたいと思います。次の文を、対と言い換えでまとめてください。

〈例文14〉

開国という意味には、［自己を外 つまり 国際社会に開く］と 同時に 、［国際社会にたいして自己を国 ＝ 統一国家として画する］という 両面性 が内包されている。

（丸山真男「日本の思想」）

開国という意味
- ［自己を外 つまり 国際社会に開く］ ○
- ［国際社会にたいして自己を国 ＝ 統一国家として画する］ ○

ここでは、 同時に の前後の二文が比較されていることはすぐにわかると思います。

なお、 両面性 ということばも論理記号で、対または比較があることを明示します。「二面性」も同じです。一般に「二」という数字は、対を表すことが多いことを知っておいてください。

★「二」という数は対を示す。「二面」「両立」「両面」など

さて、ここにはどういう比較があるのでしょうか。ここにある対を整理すると次のようにまとめられます。

自己を　外＝国際社会　に　開く
自己を　国＝統一国家　として　画する（閉じる）

これは次のようにまとめ直せます。

自己を ┬ 外に　開く
　　　 └ 内に　閉じる

「国際社会」を「外」と言い換えていることから、その反対の「国＝統一国家」は「内」と考えていることがわかります。「開く」に対しては「画する（＝閉じる）」が対になっています。すると、この文章の意味は「自己を外に開くと同時に、内に閉じるという両面性」を主張していることがわかるのです。このように対の意味をはっきりさせることで、複雑な文章の意味が単純化され明確になります。単純化が、実は内容の深い理解になっていることがわかりますか。

★形式を読むのは、内容のより深い理解のため。テキストの主体的な理解は、形式を読むことから始まる

対の意味を考えるのは、論理的な理解、つまり文章の形式面に関わります。そして、形式を正確に理解することは、実は内容の理解に深く関係することをわかっていただけると思います。形式を読むのは、内容をより深くとらえるためなのです。テキストの主体的な理解は、形式を読むことから始まります。

ところが、一般には「形式主義」とは悪い意味に使われることが多いようです。無内容で、形骸化《けいがいか》されたことを意味します。確かに形骸化されたものは無意味ですが、本来の形式自体が無意味なわけではないでしょう。それどころか、それには決定的な意義があったと思います。しかし、戦後、「形式」は一方的に断罪され、切り捨てられてしまいました。師弟や親子の上下関係、年賀などの挨拶、葬儀や結婚式などの儀式、そうしたものがすべて否定されました。それが間違いだったことは、今では多くの人々に理解されているようですが、形式の本当の意義が明らかになったわけでもないようです。

ところで、このテキストの内容は深いですね。日本は江戸時代の末期に開国しました。それが明治維新を引き起こしたのですが、外国に国を開くためには、国内を強固な中央集権国家にする必要がありました。それまでの諸藩の連合体では、外国に対して国を支えきれなくなったからです。逆に言えば、国内を一つに強くまとめ上げることによって、日本はその後、アジア諸国を支配していきました。外と内とは一つなのです。一つの中央集権国家を造ることで、外国との交渉が可能になるのです。

4 「比較」と「譲歩」

さて、比較について練習してきましたが、ここで比較と譲歩の関係についても触れておきましょう。世間に出回っている「論理トレーニング」や「読解本」では、「対」の関係（「反対」とか「逆接」と表現しています）を分類して、「比較」や「譲歩」がよく取り上げられます。「譲歩」とは、世間の常識や、相手の意見を一応受け止めて、その上で自説を展開するもので、対話的な構造がある、などと説明されます。それはそうなのですが、そうした分類や区別よりも、すべての根本に「対」の関係が存在するという理解こそが大切なのだと思います。「比較」や「譲歩」でも、対になっているAとBとは何か、その両者がどういう意味で反対なのか、それを考えることが核心なのです。

比較と譲歩の原則

比較

一方【A】　他方【B】

【A】　それに対して【B】

譲歩

もちろん（もっとも、確かに）【A】　しかし【B】

★対になるAとBの範囲を【　】でくくる。

★AとBの対の意味を考えよ！

次の文を見てください。江戸時代の天才アート・ディレクターであり、「琳派」の始祖となった本阿弥光悦を取り上げています。

〈例文15〉

①その作品のどれをとってみても、天才光悦の才能はぎらぎらと光芒は放っているが、②無学の工人の手になった書画陶漆の不二の美には及ばない。

（水尾比呂志「東洋の美学」）

「天才光悦」と「無学の工人」が比較されていることはすぐにわかりますね。これはもちろん①と②の文の対としてもまとめられます。そしてこれを、「一方」「他方」でまとめれば、いわゆる「比較」になります。「もちろん」「しかし」でまとめれば「譲歩」になるわけです。

〈比較〉①一方の天才光悦の作品のどれをとってみても、その才能はぎらぎらと光芒を放っている。②他方の無学の工人の手になった書画陶漆には不二の美があり、光悦の作品はそれにには及ばない。

〈譲歩〉①もちろん天才光悦の作品のどれをとってみても、その才能はぎらぎらと光芒は放っている。②しかし無学の工人の手になった書画陶漆の不二の美には及ばない。

形は違っていますが、ともに①と②が対であり、その対の内容は同じです。それは、次のようにまとめられます。

①天才の美は　　ぎらぎらと光芒を放っている
②無学の工人の美は　不二の美である

この対を文ではなく、表題で表せば、

①天才の　　光芒を放つ美
②無学の工人の　不二の美

となります。

このように文と文との比較の関係は、対の図解と短い文章や表題でまとめられます。表題を付ける場合にも対を使って反対の関係を明示するのです。これは対の意味を考えるためのよい練習になります。対関係は、文と文だけではなく、段落同士や、段落を越えても使用されますが、こうした練習は第七章で行います。

さて、ここまで「比較」について考えてきましたが、こうした練習を重ねたことで、「対」の本質について考えを深められます。対は、明らかに比較の意識から生まれているからです。

5 「対」とは、「全体性」の意識から生まれる

では、比較するとはどういうことでしょうか。

私たちがある対象を理解しようとするときは、その対象をそれ自体だけからとらえることはできません。必ず何かと比較して考えるのです。対象には多様な側面があるのですが、何と関係させるかで、違う側面が浮かび上がります。ですから私たちはその対象を他の様々な対象と比べて、本質的な側面が何であるのかを考えるのです。例えば「家」とは何かを考えるならば、まずは、たくさんの家々を思い浮かべて、その共通部分をさがすのではないでしょうか。一部にしか当てはまらない要素、属性ではなく、すべてに共通の要素をさがして、それをその本質と考えると思います。「人（家族）が暮らす空間」とでも

なるでしょうか。

しかし、「男とは何か」を考えたいときはどうでしょうか。たくさんの男たちをイメージして、その共通部分を考えてみても、ほとんど何もわからないでしょう。無数の男がいて、それぞれがたくさんの特殊性を抱えているのですから、何が共通部分か、考えれば考えるほど混乱するばかりです。そのとき、女性を一方に持ってきたらどうでしょうか。そうすれば、たちどころに「男とは何か」が見えてきます。

「男は強い。女は弱い」と誰かが言えば、すぐに「否、その反対だ。男は強がっているだけで、本当に強いのは女だ。子どもを産む性には敵《かな》うわけがない」と言う男もいます。そうした区別が社会的なものか、生来的なものかはともかく、議論が急に活気づきますね。

さて、男女を比較する際には、その違いばかりに目がいきますが、比較が可能であるためには、他方では両者に共通部分がなければなりません。それは何でしょう。そうです。共に人間、人類であることです。同じ類であり、その上での区別なのです。男女の比較は任意の、恣意的な、偶然のものではなく、両者は本質的に結びついています。人類としての親から生まれた男女が、今度は親として自分たちの子どもを作ることで、次代の人類を作ります。こうした関係だからこそ、相互の比較が大きな意味を持つのでしょう。

人類（普遍＝全体）

男（特殊＝部分）

女（特殊＝部分）

このように男女の比較では、人類という共通項がありました。実は、比較が本質的なものに深まった場合にはいつも、類のような普遍的な前提がかくれています。つまり「全体」（＝「普遍」です）の意識です。男女で人類全体を構成しているという理解です。

こうしたことから、ある対象を考察する際は、その種類に近い類を持ってくるといいことになります。たとえば人間の本質自体を考える際には、人間が進化の過程で分かれた、人間に一番近いサル類（類人猿）と比較するのが常道です。ここにも、全体の意識が働いていることがわかります。

比較には、比較する対象の相違点と、共通点との二面性があることを指摘しました。この相違点を「対」として、一方の共通点、つまり「同一性」を「言い換え」として、私は捉えています。共通点の方はわかりやすいでしょうが、相違点を「対」（反対）だと言っても、おわかりいただけないでしょう。

普通に何か（A）と何か（B）の違いを考える場合は、いきなり対が見えるわけではありません。最初は多数の差異の発見から始まるのです。それは単なる違いでしかありません。そこには表面的で偶然の要素もたくさんあります。しかし、考察が深まれば、偶然的な部分は落ちていき、本質的な対比、対立が次第に明らかになっていきます。そのとき、それは対の表現になります。それは、両者の抜き差しならない関係、切り離しがたく結びついた関係の理解に他なりません。そのとき、背景にある、両者で一つであるという全体性が確かに見えてきているはずです。本書では、このレベルまで深まったテキストだけを取り上げました。そうでないと、読者のみなさんの能力を高めることに役立たないですし、みなさんにもそこまで徹底的に考えてほしいからです。

たとえば、〈例文10〉で取り上げた、東洋（日本）と西洋の比較ではどうでしょうか。共通性としては、地球上の一地域だったり、国だったりしますが、これは単に地理的な比較ではないでしょう。それならば、偶然的なものです。アジアと西欧とが抜き差しならない対になるのは、近代以降に圧倒的な経済力、軍事力を背景に、西欧がアジア諸国を植民地化したことが背景にあります。それは支配と被支配との完全な上下関係になりました。近代化のモデルとしては先進性と後進性の関係でもあります。近代こそが、全世界を一つにしたのですが、それは全世界を支配する側と支配される側との二つに分けることになりました。東洋と西洋との比較は、本来は偶然的な地理的なものでしかありませんでした。しかし、世界が強制的に一つの全体にされた上での対立、しかも絶対的な対立の形で現れてきます。対には、こうした必然性の理解が前提されると思います。

では、こうした全体性の意識と、対の二種類である「アレかコレか」型と「アレもコレも」型とは、どう関係するのでしょうか。なぜ対にはこの二種類があるのでしょうか。「アレかコレか」と、対の形で迫れるのは、全体をおさえているからです。全体が二つの絶対的な対立からなることを予感しているから、そうした迫り方ができるのです。これが比較の原初的な形です。

そして、しだいに思考が発展した結果、全体的な考察、つまり完全な考察をしようとする意識が生まれ、そのときに「アレもコレも」型が生まれたのです。どういうことでしょうか。

対象には、多様な側面がありますが、ある側面には、必ずその反対の側面があります。この二つの面を押さえてこそ、考察は完全になります。丸山真男の文例を多く紹介しているのは、彼にはそうした意識が強烈にあるからです。そして、この意識から多用されるのが譲歩なのです。したがって譲歩は文脈理解に大きく関わります。この練習は第七章で行います。

比較の話の最後に、主張や評論の中に、「比較」や「対」が現れる最大の理由をお話ししましょう。

そもそも、人が何かを積極的に主張したいとき、それは必ず何かへの反対、異議申し立てだということです。世間の一般常識や、マスコミなどが流布する見解、それまでの学問上の定説など、それらへの批判、明確な「反対」の自覚から生まれています。

┌ not A
└ but B

英語の not A, but B で言えば、すべては not から生まれるのです。「アレ〜」「ヘンだぞ!」「おかしい」。これらの疑問や不審、いらだちや怒り、これこそがそもそもの始まりです。しかし、すぐに but、つまり代案が出せるわけではありません。最初は、どうしても相手の主張の表面的な面、偶然的な面に反応してしまいます。しかし、相手の主張や対象を丁寧に観察し、考えが深まっていくと、代案が出せるところまで進みます。そのときは、明確な対が現れてきます。相手の考えと自説を、全体的な中で位置づけることが終わっているからです。

第五章　「分類」と「矛盾」

1 「分類」

比較は、全体の自覚と切り離せないことを説明してきました。そして、その比較が精緻になると、「分類」が始まります。全体とは「類」のことであり、その類全体を「区分」したものが「分類」だからですね。分類はもちろん、「対」と「言い換え」でまとめられます。

全体の位置づけが問題にされているような文章では、全体を図示してみることをお薦めします。その際には、分類された最初の類（全体＝普遍）が何だったのかを意識してください。

分類の原則

★分類は対と言い換えで図示する
★語句の言い換えに注意
★分類された最初の類（全体＝普遍）が何だったのかを意識する

次の分類を対と言い換えを使ってまとめてください。

〈例文16〉

神経過程（興奮過程と制止過程）の強さにもとづいて動物は強い動物と弱い動物とに分けられる。その強い動物は**また**、両過程の平衡によって、平衡のとれたものと平衡のとれていないものとに分けられ、**さらに**、強くて平衡のとれたものは変動的なものと鈍重なものとに分けられる。

（パブロフ「条件反射」牧野紀之訳）

ここでは左のような図ができればよいと思います。

- 動物＝
  - 強い動物＝
    - 平衡のとれた動物＝
      - 変動的な動物
      - 鈍重な動物
    - 平衡のとれていない動物
  - 弱い動物

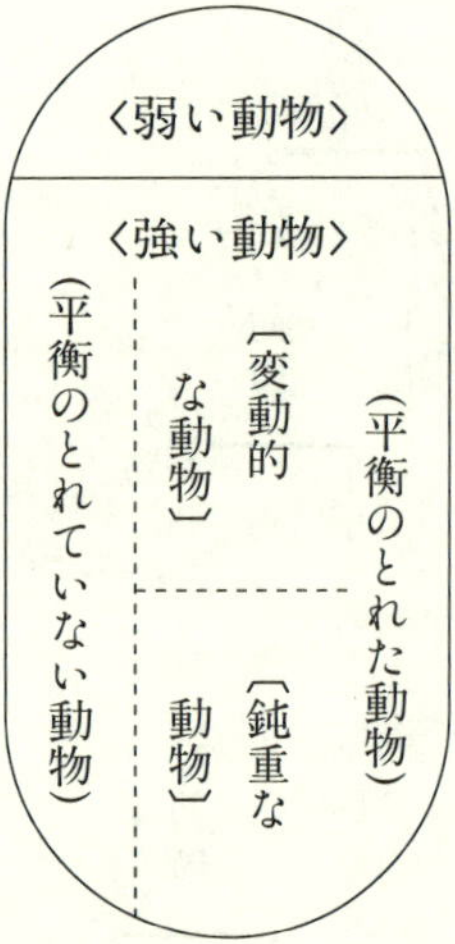

これは右図のようにも描くことができます。しかし、こうした図示では対が増えると読みにくくなりますから、本書では前ページの図のように表すことにします。

では、次はどうでしょうか。

〈例文17〉

いわゆる公共道徳、パブリックな道徳といわれているものは、このアカの他人同士の道徳のことです。たとえば儒教の有名な五倫という人間の基本的関係を見ますと、君臣、父子、夫婦、兄弟、朋友であります。このうちはじめの四つの関係は縦の上下関係とされ、朋友だけが横の関係です。そうして友達関係をさらにこえた他人と他人との横の関係というものは、儒教の基本的な人倫のなかに入って来ない。
（丸山真男「『である』ことと『する』こと」）

儒教の五倫
- 縦の上下関係 ＝君臣、父子、夫婦、兄弟
- 横の（対等な）関係 ＝朋友＝友達関係

まず、儒教道徳を縦と横で分ければ、この図のようになります。これに対して、公共道徳は次のように言い換えられています。

公共道徳＝パブリックな道徳＝アカの他人同士の道徳＝他人と他人との横の関係

さて、儒教道徳と公共道徳は、関係が「アカの他人同士」か否かで区別されていますから、それを合わせて、人間の道徳として分類すれば、次のようになります。

人間社会の道徳
- 儒教道徳＝知り合いの関係
  - 縦の上下関係　＝君臣、父子、夫婦、兄弟
  - 横の（対等な）関係＝朋友＝友達関係
- 公共道徳＝パブリックな道徳＝他人と他人との横の（対等な）関係

次のテキストで問題になっている「伝統の断絶という意識」を図示すれば左の図のようになりますが、空欄にはどの語句を入れればいいでしょうか。分類の原則の「分類された最初の類（全体＝普遍）が何だったのかを意識する」を踏まえて、やってみましょう。

［　　　　］
- 都会のもの
  - 知識階級のもの＝［　　　　］
  - 大衆のもの
- 農村のもの

〈例文18〉

①一般に日本の文化を意識的に西洋化しようとする努力は、主として、都会の知識階級のものであった。②伝統の断絶という意識もそのことと密接にからんでいる。③それは、都会のものであって農村のものではない。④都会のなかでも殊に知識階級のものであって、大衆のものではない。

（加藤周一「近代日本の文明史的位置」）

分類に関係するのは、③と④です。③冒頭の「それ」は、もちろん直前の「伝統の断絶という意識」を受けます。②の「そのこと」は直前の①を受けますね。①では日本の「都会の知識階級」を問題にしていることがわかります。彼らが「日本の文化を意識的に西洋化しようとする努力」と彼らの「伝統の断絶という意識」は結びついていると言っているのです。この（①②）を説明しているのが（③④）です。「都会の知識階級」の「伝統の断絶という意識」を、日本全体の中に位置づけて見せたわけです。

図は次のようになります。最初が「日本人の意識」でラストが「伝統の断絶という意識」です。「伝統の断絶という意識」が最後に来るとわかれば、分類されているのが「意識」だとわかります。③④には、「都会のもの」「農村のもの」など「もの」と表記されますが、それはすべて「意識」のことです。そこで全体が「意識」の分類とわかるのですが、それをそのまま最初の空欄に入れるのでは、不十分です。①で「日本の」知識階級を問題にしていたのですから、「日本人の意識」となります。

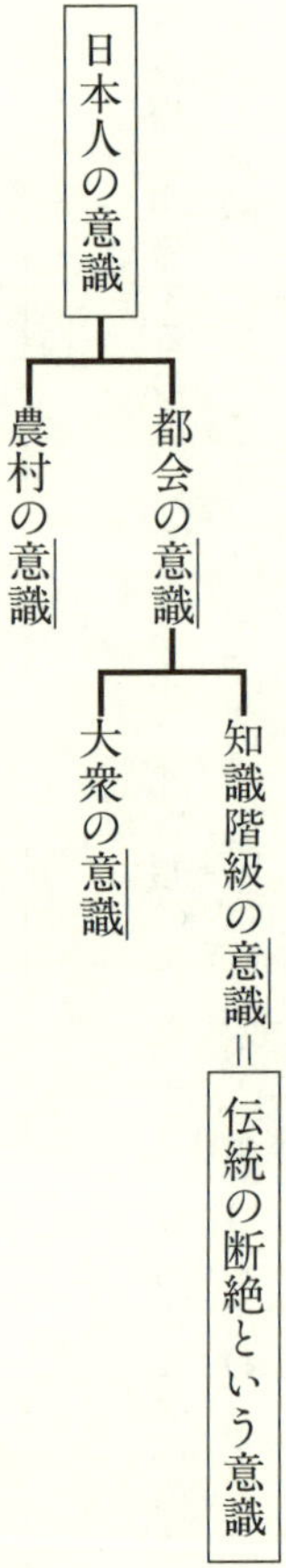

このテキストは有名ですが、インテリだけが伝統の断絶という意識を持っているというのは、途上国の知識人に共通のありようでしょう。そして、今も基本的に変わらないのではないかと思います。

2　「矛盾」「逆説」「パラドックス」

これまでは「対」と「言い換え」の組み合わせで、真っ直ぐに理解できる例を取り上げてきました。しかし、論理とは、こうした直球勝負だけではありません。屈折した変化球も多いのです。ここでは矛盾した表現を考えましょう。

「矛盾」＝「逆説」＝「パラドックス」の原則

反対でありながらイコールでもある論理

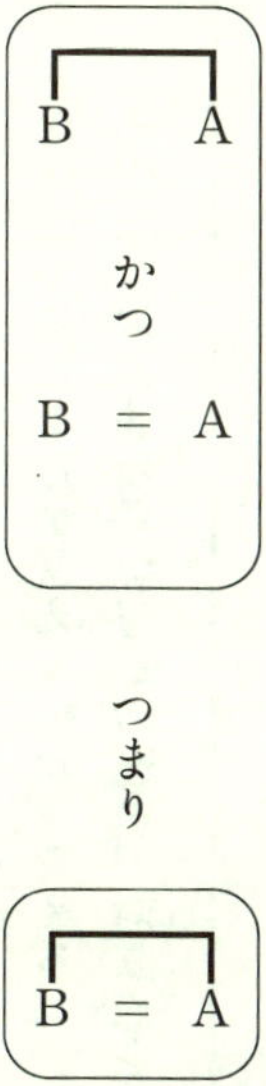

★AとBが、それぞれどの語句、どの文かを考える
★なぜこうしたことが言えるのかを考える
その際、常識的な言い方との違い、対立点を考える

ことわざから例を出しましょう。
「負けるが勝ち」「かわいさ余って、憎さ百倍」

負ける
＝
勝ち

かわいさ
＝
憎さ

ここでは「負ける」と「勝ち」が正反対であるのに、イコールとされています。また、「かわいさ」と「憎さ」が正反対であるのに、イコールどころか百倍にまで増殖されています。このように、普通には反対とされていることが、結び付けられているような論理を、「逆説」と言い、「矛盾」とも、「パラドックス」とも言います。

こうした場合は、まず対になっている語句や文を確認して、その上で、どうしてそういう表現をしたのかを考えてみるといいでしょう。こうした表現の奥には、普通のレベルの理解に対して、真の理解を対置したいという強い思いがあります。だから普通の理解をくつがえすような表現を使うのです。その意味合いを考える必要があります。

「負けるが勝ち」が成立するには、勝ち・負けを二種類に分け、直接的で表面的で一時的で部分的なものと、より根本的で最終的なものとに分ける必要があります。そうすれば、言わんとすることは、根本的で最終的な「勝ち」を手に入れるには、直接的で表面的で一時的で部分的な「勝ち・負け」にこだわってはならず、もっと大局的な視点で全体を考える必要がある、ということだと理解できます。

直接的で表面的で一時的で部分的な「勝ち」または「負け」
間接的で根本的で最終的で全面的な「勝ち」または「負け」

「かわいさ余って、憎さ百倍」はどうでしょう。「かわいさ」と「憎さ」は一見正反対ではありますが、実は非常に近い感情で、容易に転換します。この両者の根底にはともに、強い関心、強い感情があるのです。ですから、その反対は、無関心だということになります。
愛し合った二人が別れるときには、愛し合ったからこそ憎み合うことが起こります。

相手への関心──かわいさ／憎さ
相手への無関心

これまでは、AとBが直接反対になっていて「矛盾」が端的に表現されましたが、次のことわざになると、さらに屈折していきます。

「いそがばまわれ」「かわいい子には旅をさせよ」「弘法も筆の誤り」

「いそがばまわれ」では、「いそぐ」と「まわれ」が対ではありません。

①いそぐとき／②いそが［ない］とき

③まっすぐ／④まわる

という二つの対が想定されているのだと思います。

そして普通は、①と③、②と④が結ばれ、

①いそぐときは、　　③まっすぐに（最短距離を行くべき）
②いそがないときは、④まわれ（回り道をしてもよい）

これが対として意識されているのです。それを逆転させ、①と④とを結びつけて見せたのが、このことわざです。ここにも、「負けるが勝ち」と同じような含意があるのでしょう。

同じく、「かわいい子には旅をさせよ」では、

かわいい　　＝過保護　　旅をさせない＝試練を与えない
かわいくない＝保護せず　旅をさせる　＝試練を与える

の対が想定されているのでしょう。

かわいいという感情にまかせて子どもを甘やかし、過保護になると、子どもは厳しい経験をしないまま大きくなり、成長できなくなる。したがって、保護したいという感情に逆らって、あえて厳しい試練を与えることが本当に愛することになる、と言いたいのでしょう。

小説からも例をあげましょう。重松清著『エイジ』です。無差別の凶行や、犯罪の低年齢化をなげいて、エイジの母親がこうつぶやきます。「いやな世の中になっちゃったね、ほんと」。この母親のなにげない一言を、エイジは次のようにちゃかします。

「世の中」とは「ウチの外」の意味なのかもしれない。便利な言葉だ。これからどんどんつかおう、なんて。

この強烈な皮肉は、母親の論理をエイジが次のようにまとめたことから生まれます。

「世の中」＝「ウチの外」
「世の外」＝「ウチ」

ここでは何がおかしいのでしょうか。「世の中」には、ウチも含まれるはずだし、「世の外」は存在しないということです。母親は、自分の家庭も世の中の一部でしかないのに、その外に置くことで、世界は混乱しているが、自分たちだけは例外的に、幸福でいられると思いたいのです。

この『エイジ』という小説の根底にも矛盾が用意されています。エイジは、通り魔になったクラスメートのタカやんに、自分自身を重ね合わせようとします。その行動をイメージし、模倣し、最後には実際に「通り魔」と間違われて逮捕されるまでになるのです。その上で、エイジは言います。

タカやん、オレ‖はもう、ここまでおまえ‖と同じになった。だから、だいじょうぶ、オレ‖はおまえ‖じゃない。

オレ‖はおまえ‖と同じ
＝
オレ‖はおまえ‖じゃない

まさに矛盾の表現でまとめられています。ここで「同じ」とは、通り魔になったタカやんの中にあった「悪意」を、エイジが自分自身の中に、確かに認めたということです。誰の中にも、そうした「悪意」はあります。

しかし、違いもあります。何でしょうか。エイジはわざと、自覚的に意識的に、タカやんの行動を追体験しようとしたということです。それは、その「悪意」を、自覚的に意識的にコントロールする可能性をも示します。おそらくタカやんは、その「悪意」を自覚できなかったゆえに、罪を犯した。重松氏はそう言いたいのです。

ところで、「オレはもう、ここまでおまえと同じになった」という表現自体に、矛盾があることに気づいた方はいますか。

オレ　＝自分
＝　　＝
おまえ＝他人

矛盾の形ではありませんが、矛盾した言い方はたくさんあります。例えば、「AはAだ」

という表現です。普通は無意味なのですが、単なるトートロジー（同語反復）ではない場合があります。例えば、「規則は規則だ」と言う場合などです。これは何を言っているのでしょうか。

規則
- 守るべき規則
- 守る必要のない規則

という考えに対して、

「すべての規則＝守るべき規則」

という考えを対置しているのです。ここでは守る必要のない規則などは存在しないと主張したいのですね。それを端的に、「規則は規則だ」と言うわけです。その方が、強い言い方になるからでしょう。

3　文章中の「矛盾」

こうした矛盾の表現、矛盾の構造が、文章にはたくさん出てきます。

〈例文19〉
民主主義はやや逆説的な表現になりますが、非政治的な市民の政治的関心によって、また「政界」以外の領域からの政治的発言と行動によってはじめて支えられるといっても過言ではないでしょう。
（丸山真男『「である」ことと「する」こと』）

非政治的な市民　＝　政治的関心

「政界」以外の領域　＝　政治的発言と行動

ここでは、狭い意味の「政治」、つまりプロの政治家や政治運動家の政治と、広義の

「政治」、つまり「国民主権」という際の、国民＝市民一人一人が政治の主人だという意味での「政治」を区別すれば、著者の意図は明確でしょう。狭義の政治から本来の政治、つまり広義の政治を救い出さなければならないとの、問題提起ですね。しかし、今も状況に大きな変化はないと思います。プロの政治家の側だけではなく、国民の側にも、大きな問題があるのです。

狭義の「政治」＝プロの政治家や政治運動家の政治
広義の「政治」＝「国民主権」という際の、国民＝市民一人一人が政治の主人だという意味での「政治」

次は『平家物語』についての叙述です。

〈例文20〉
作者はあるときは平家一門の立場で語っているし、またあるときは木曽義仲の、あるいは鎌倉殿頼朝の内心を知っている立場に立って語っている。きわめて視点を自由にした、一つの立場に執しない語り口は、ときに奇妙な矛盾を生む。例えば、壇の浦で自決を逃れた平家最後の頭目宗盛父子は、その場面では浅ましい臆病者として冷淡に批判されているが、三段あとで彼らが京の大路を引き廻される場面では、父子に対する作者の感情は一転して、批判めいた言葉はもうなく、権門の人の打って変わった憐れな状態への、世間の暖い同情だけが語られる。

（西尾幹二「日本人と時間」）

これは何が矛盾しているのでしょう。「が」の前後に対があるはずです。それを確認すると次の二文になります。

壇の浦で自決を逃れた平家最後の頭目宗盛父子は、その場面では浅ましい臆病者として冷淡に批判されている。

＝

三段あとで彼らが京の大路を引き廻される場面では、父子に対する作者の感情は一転して、批判めいた言葉はもうなく、権門の人の打って変わった憐れな状態への、世間の暖い同情だけが語られる。

この二つの文の中の「冷淡に批判」と「暖い同情」が端的に、その内容を示していま
す。つまり、一方では宗盛父子を冷たく突き放していますが、他方では温かく見守り、彼
らの心情に寄りそうことまでしているのです。ここに対と同一がありますね。

「冷淡に批判」
=
「暖い同情」

次は、日本のアニメ『セーラームーン』とアメリカ人のヘンリー・ダーガーの描く少女
世界との共通性を指摘しているテキストです。

〈例文21〉
成熟を拒否して、悪の化身である大人たちと戦い続ける少女たちが、実は究極的には
善なる万能の大人によって保護されている存在であるという矛盾を、二つの物語は
共有している。成熟によって保護されたとき、はじめて未成熟は「かわいく」光輝

き、世界を親密にして善に満ちたユートピアに変えることができる。

（四方田犬彦『「かわいい」論』）

ここでの矛盾とは、

成熟を拒否して、悪の化身である大人たちと戦い続ける少女たち
＝
実は究極的には善なる万能の大人によって保護されている存在である

の二つの文の関係ですが、これは

成熟した大人と　戦う
＝
成熟した大人によって　保護される存在

成熟を　拒否する少女たち
＝
（成熟を　肯定し受け入れる）

こうした対が意識されているのでしょう。そして、著者は、この矛盾こそが「かわい

い」の本質だと言うのです。

これまでは文章に「矛盾」「逆説」などの用語が使われていました。しかし、そうでなくとも、文章中に矛盾の構造があることは多いのです。その時に、その論理をきちんと理解することが重要です。そこが、核心的な部分になっていることが多いからです。

次は、有名なドン・キホーテとサンチョオについての叙述です。

〈例文22〉
たとえ彼等が周囲から見れば醒めながら夢見る男であるにせよ、その夢に傍人が無遠慮に出入するとき、彼等は また 夢見ながら醒めている。 そして 夢のない現実とはもはや人生ではないとすれば、彼等の生き方も根本においては別に他の人々と変ったところはない。

（中村光夫『日本の近代』）

「醒める」＝「夢見る」

「醒める」と「夢見る」が、反対でありながら、彼らにあっては一体になっています。文の前半では「夢見る」方を強調し、後半では「醒めている」方を強調しています。そして、「夢のない現実とはもはや人生ではない」と言っていますから、「他の人々」と彼らの違いは、基本的にはなくなってしまいます。この「醒めながら夢見る」「夢見ながら醒めている」あり方は、第六章「媒介」で学ぶ「自己相対化」でもあります。

次は科学技術者の社会的責任論です。彼らには、「情報の公開」と「説明責任」が求められます。しかし、公的な機関に所属している技術者ならともかく、企業などの私的機関に所属する技術者では、それほど簡単に事は済みません。二重傍線部分を考えてください。

〈例文23〉

今この国で行われている多様な科学技術活動のあらゆる場面で、情報の公開とアカウンタビリティがそれぞれの科学技術者に社会的責任として求められているということだからである。しかしそうだとしても、例えば、軍事機密の中で国によって行われる軍事研究開発や、企業秘密の中で進められる企業の研究開発など、本来その成果の非公開を原則として動いている活動に従事する者の数が、科学技術研究者全体の三分の二を占めているわが国の現状の中でそれはいかにして可能なのだろうか。非公開を求める雇主・組織に対する責任と、公開を求める社会に対する責任をどう調整するかという普遍的な問題を避けられないのである。

（木原英逸《ひでとし》「科学技術者の『社会的』責任は何処にあるか」）

非公開を求める雇主・組織に対する責任

＝

公開を求める社会に対する責任

この「公開」「非公開」という矛盾した形で表すと、問題の所在が明確になります。では、この矛盾をどう解決したらいいのでしょうか。その答えをめざして、後の文章が展開されるはずです。

矛盾や逆説はよく使われますが、これとただの対関係を区別することも必要です。次のテキストは文芸批評の始まりとして、アリストテレスの『詩学』をあげ、次のように説明しています。この文中の「誤解」とは何のことでしょうか。

〈例文24〉

①『詩学』は古典劇の法則を述べたものだという風な言い方が一般に通用している**が**、これは誤解をまねきやすい言葉だ。②**なぜなら**アリストテレスはここで、「抽象的な演劇法則を冷やかに記述した」**のではなくて**、「彼自身親しく見ることができ、また読むことができた無数のすばらしい劇作品によって喚起された感動を、できるかぎり率直に、明確に表現しようとした」**からだ**。

（篠田一士「批評の読みかた」）

①の主張の根拠が②ですね。**なぜなら**〜**からだ**ですぐわかります。

①は**が**の前後に対があります。「これ」は「『詩学』は古典劇の法則を述べたものだという風な言い方」です。

ですから、この対は

『詩学』は古典劇の法則を述べたものだ
という風な言い方が

- 一般に通用している　（肯定面）
- 誤解をまねきやすい言葉だ　（否定面）

となります。この後半の「誤解をまねきやすい言葉だ」という理由が②の文になります。②の中にも、のではなくての前後に対があります。「ここ」は『詩学』を指します。

アリストテレスは『詩学』で

- 抽象的な演劇法則を冷やかに記述した　×
- 劇作品によって喚起された感動を、率直に、明確に表現しようとした　○

この対が、「誤解」の説明になっています。ですから、「誤解」とはただの対関係で、間違いのことです。矛盾ではありません。

このテキストの主張は重要だと思います。「批評は、感動から始まり、感動に終わる」

と言っています。そうでない「冷ややかな」批評が多すぎるのではないでしょうか。いわゆる「学校や大学の文学教育」においてです。

4 「立体的な理解」——対にならない場合もあるの?

さて、第三章からこの第五章まで、長らく練習してきた「対」と「言い換え」の説明を終えるに当たって、最後に根本的な問題を考えましょう。

これまで述べてきたように、すべての文章は「対」と「言い換え」からできています。これは思考それ自体の基本ですが、それはそもそもこの世のすべてが「対」と「言い換え」から成り立っていることの反映なのだと思います。ところがそれを認めない人もたくさんいます。

ある人に、「白黒ハッキリさせろよ。一体どっちなんだ」と迫ると、「そんな単純なものじゃないよ。白も黒もない。すべては灰色さ。灰色の色合いの違いでしかないのさ」という強烈な反論が返ってくることがあります。実際、こうした物言いをよく見聞きしませんか

か。

私が高校生に「対」を説明して、「白と黒が対です。」と言うと、すぐに、「先生。では灰色はどうなるのですか。実際は、白と黒と灰色の三種類があるのではないですか」とすぐに言い返されてしまいます。もっと頭のイイ人は、「すべては灰色で、白も黒も程度の差でしかないのではないですか。」と言うでしょう。これをどう考えたらよいのでしょうか。

「生きるべきか、死ぬべきか。それが問題だ」というハムレットの根源的な問いかけに対しても、「何深刻ぶっているんだよ。バ～カ。肩の力を抜いて、リラックスしろよ。死ぬまでの間、へろへろと適当に生きればいいんだよ」という答えが返ってくるでしょう。

これは大きな問題です。読者のみなさんは、どう考えますか。実際には、白と黒との「対」など存在せず、白と黒と灰色の三種類があるのでしょうか。または存在するのは灰色だけなのでしょうか。「生きるべき」と「死ぬべき」と「肩の力を抜いてへろへろと生きる」の三種類は、ただ単に横並びになっているだけなのでしょうか。

ここには一見、対の否定があるように見えますが、実はその逆に、明確な対が浮き彫りにされているだけだと思います。

白と黒との対の存在を　認める生き方
白と黒との対の存在を　認めない生き方

根本にあるのは、この二つの対立です。これは決定的な対ですね。みなさんの周囲を見渡してみてください。どこにでも、この対立を見ることができるのではありませんか。

「冷笑的な人」はどこにでもいます。仲間内で盛り上がっているときに、その人の一言で、急に場が白けてしまうような人です。ゲーテの『ファウスト』に登場するメフィストフェレス（悪魔）がその典型でしょう。もちろんこういう「冷笑人間」にもその役割があります。みなが空疎なことで盛り上がっているときに冷や水をかけ、その空疎さに気づかせるような相対化の装置です。また、人々が硬直した二項対立のワナにはまり、抜け出せなくなっているようなときに、その枠組み自体を壊し、場を活性化させるなどの重要な役割もあります。

『ファウスト』では、この「冷笑人間」メフィストフェレスと「熱中人間」ファウストとの絶対的な対立が、壮大なドラマを生み出します。読者のみなさんも、この二人が自分の内に生きていることを感じるのではないですか。

さて、一方の「実際は、白と黒と灰色の三種類があるのではないですか」、または「すべては灰色でしかないのではないですか」との反論についてはどうでしょうか。この問いかけは根本的なものですから、「対」の理解を深めます。

もう一度、対の原則を確認します。

対の意味を考えよ！

★対になるAとBは、それぞれ対象をどの視点から見ているのか

★AとBに並ぶ、他の視点はないのか

★AとBを簡単な「反対の言葉」（対概念）で言い換えてみる

白と黒とは対です。これは光を反射するか、吸収するかという観点で、見ています。このとき、この「吸収」か「反射」か、に並ぶ他の観点はありません。灰色とは、それとは別の、つまり「吸収と反射の割合の相違」という観点から生まれているのです。灰色という色があることをもって、白と黒（反射と吸収）とが対でないとは言えません。白と黒との対関係と、灰色という色が存在することとは、別のことです。

そして、もっと重要なのは、この色の問題を比喩として使った、生き方や選択における「白か黒か」です。全体を図解すれば、次のようになるでしょう。

- 白と黒との対の存在を認める
  =選択・決断をする生き方
  - 白か（生きるべき）
  - 黒か（死ぬべき）
- すべては灰色（白黒の対の存在を認めない）
  =選択・決断を避ける生き方

ここには、何かを絶対だと考え、敢然として選択・決断をする生き方と、そうでない生き方、むしろ前者を完全に否定するような生き方とが、対置されているのです。

ここで指摘しておきたいのは、「白か」「黒か」という対が現れてくるのは、選択・決断をする場合だけだという事実です。選択を避けている人には、白と黒との対立は存在しません。人は、必要でないことは見ないし、見えないものです。「すべてが灰色だ」と言う人は、そのように生きていることを告白しているに過ぎません。

日々の生活における選択という場面から見たらどうなるでしょうか。

選択をする必要がある　＝　選択をする ─┬─ Aか
　　　　　　　　　　　　　　　　　　　└─ Bか
選択をする必要がない　＝　選択をしない

私たちは長く生きていれば、AかBかの決定的な選択に迫られる場面に、必ず直面します。就職や転職、結婚や離婚などはその一例です。そのときに、どうしたらよいのでしょうか。白と黒と灰色の三つを並列にならべていては、選択ができず、どう生きたらよいのかわからなくなってしまいませんか。

私たちは、まず、それが避け難く、かつ重要な選択なのかどうかをはっきりさせねばなりません。そして、どうしても選択しなければならない場合は、AかBかを覚悟を決めて選ぶしかありません。そうです。私たちは誰もがこの図のようにして生きているのです。一切選択をしないという人も含めてです。

なお、ここで、対が二組出てきて、それが組み合わされていることに注意してください。三つを横並びにするのに対して、ここには立体性が生まれています。AかBかという対のレベルと、それをまとめた「選択をする」「選択をしない」という対のレベルは、違うのです。これを「立体的な理解」と呼びます。

この立体性の理解は極めて重要です。「かわいさ余って、憎さ百倍」の説明（104ページ）では、すでにこの立体性でまとめておきました。

そして、先に紹介した「分類」では、この立体性があるが故に、分類が可能になっていることがわかるでしょう。

5　ポストモダンな反論

「ポストモダン」以降の人たちの間には、二元論や二項対立をバカにしたり、敵視することが流行っているようです。そして、それから自由になることをめざしているように見えます。ところで、私たちが練習してきた「対」とは、二項対立であり、二元論そのものです。では、「ポストモダン」以降の現在では、対は無効なのでしょうか。否、そうではありません。「ポストモダン」を標榜《ひょうぼう》する人たちの文章が対で埋め尽くされていることから、それはすぐにわかることです。

私も、実は、硬直した「二項対立」的な発想や、考え方を批判しています。例えば、「学力低下」論争の際に、当初は豊かでリアルだった議論が、次第に、「ゆとり」教育や文部科学省批判に収斂《しゅうれん》してしまいました。議論は単純化され、「悪玉」を作ってつるし上げが始まります。そして、「ゆとり」か「詰め込み」か、「動機や問題解決」か「基礎・基本」か。こうした「二項対立」が幅を利かせました。これが空疎だったのは、二つの対立面だけが強調され、深く結びついている側面が切り捨てられたからです。日本の論争は、いつも極端から極端へと揺れ動くだけのように見えますね。そして結局はすべてが曖昧にされ、一体の中に呑み込まれていくだけのようです。

さて、この空疎さは、二項対立や二元論の責任なのでしょうか。そうではないと思います。論者たちの能力が低く、論理の運用が下手であり、そのために硬直し、真実に迫れないのが問題なのです。彼らは対の背後にある全体の構造を見ることができず、立体的に考える力がありません。

ポストモダンな人たちは言います。「対」や「二元論」は人間を傲慢《ごうまん》にし、人間を世界から切り離し、孤立化させた。「対」や「二元論」は人間を不自由にしたのだ、と。確かにそうです。しかし、それは人間を不自由にするものだからこそ、人間を自由にするのです。自然や社会から人間を孤立させますが、それは人間の使命を自覚させ、自然や社会を豊かにするためなのです。おやおや、逆説になってしまいました。

次章の「媒介」では、「自由」をテーマにした文章を取り上げますが、それがここに関係します。

第六章　「媒介」

媒介をおさえる
★媒介の三角形を図示せよ！
★媒介の意味を考えよ！

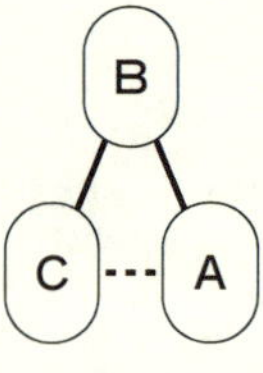

1 「媒介」をおさえる

前章までで、「対」と「言い換え」についての説明は一応終えますが、それに次ぐ、第三のポイントは「媒介」です。「対」と「言い換え」がAB二者の関係だったのに対して、「媒介」とはABC三者の関係です。つまり、AとCとが直接には関係せず、他のBによって関係づけられている場合です。たとえば、「BはAとCを媒介する」「AはBによってCとなる」「AとCとはBを通じて結びつけられる」というときの、AとBとCとの関係が媒介です（　　をつけた語句は、媒介を示す「論理記号」です）。AとCとは直接には関係せず、Bによって間接的に関係するのです。このときに、AとCとを結びつけているBを媒介項とも言います。これは三者の関係ですから、三角形で図示できます。

次の三つの例文で説明しましょう。

例文㋐

AとCとは川で隔てられているので、Bという橋が架けられている。また、昔はDという渡し船が往来していた。

例文㋑

過去と未来は現在［によって］、［媒介されている］。

例文㋒

A君はCさんが好きになったが、恥ずかしくて自分では告白ができない。そこで、友人のB君に自分の気持ちを伝えてもらった。

以上三つの例は、㋐は空間（地理）、㋑は時間、㋒は人間関係における媒介関係の例です。媒介項になっているのは、㋐ではBとD、㋑では「現在」、㋒ではB君です。いずれも次の三角形で図示できます。

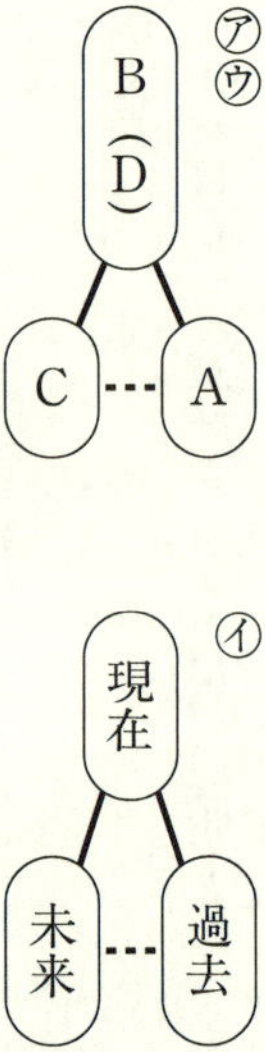

AとCは直接にはつながらないので、間にBやDが入って橋渡しや、仲介をするわけです。過去と未来は直接にはつながりません。現在という一点によってつながっていくのです。どうしてAとCは直接にはつながらないのか、媒介項のBやDはどのように橋渡しをしているのか。これを考えることが、「三角形の意味を考える」ということです。

さて、この媒介関係では三項が存在しますが、一番大切なのはどこでしょうか。㋒の思春期の恋愛を例にしましょう。A君がCさんを好きになり、友人のB君にその気持ちをCさんに伝えてもらった場合です。このとき、誰が一番重要なのでしょうか。当人のA君でもCさんでもありません。媒介項のB君です。すべてはB君にかかっているからです。当人のA君とCさんとは直接には何の交渉もありません。A君ともCさんとも直接に話をしているのはB君だけです。しかし、だからこそ、もしB君に悪意があったら大変です。Cさんに「A君がCさんなんかえらぶっていて大嫌いだ、と言っていた」と伝え、A君には「Cさんは、A君は粗野でがさつで大嫌いよ、と言っていた」と伝えることもできます。Cさんがその反対を言っていたとしてもです。何をしようが、A君とCさんに本当のことがばれるはずはありません。

媒介項の決定的な重要さがおわかりいただけたでしょう。ここから出てくる教訓は「好きになった人には、できるだけ早く、直接に自分の気持ちを伝えなければならない」ということです。

恋愛関係での「三角関係」が、小説やドラマの定番なのは、こうした媒介のいたずらが、人間の複雑な心理や本音を映し出すからです。第二章でも触れましたが、漱石の『こころ』では、Kと先生との間に、お嬢さんが入ってくることで、何かが起こり始めます。

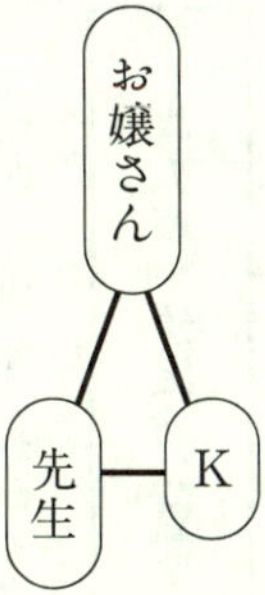

とにかく、媒介においては媒介項が決定的な役割を果たすことを覚えておいてください。

★媒介項が決定的に重要

なお、ここで「媒介」を三角形と私が呼ぶことに疑問を感じる読者もいると思います。三角形の底辺は直接には関係がなく、「底辺」が存在しないからです。それでどうして三角形と呼ぶのかと。しかし、実際は、直接的な接触がない関係も、広く言えば関係の一つですから、三角形として理解してよいのです。

人間の「三角関係」を「媒介」の例に出しましたが、ここでは三人はそれぞれに直接関係していました。しかし、新たな関係が入ったことで、旧来の関係の質が一変してしまうのです。その意味では、「底辺」と他の関係はやはり違っています。

2　「対」と「言い換え」と「媒介」で読む

文章は、これまで説明してきた「対」と「言い換え」に、「媒介」が組み合わされてできています。それを練習しましょう。

次のテキストは、私たちが何か重大な選択や決断をしなければならない際の考え方をテーマにしています。人間は、そうしたときには、過去から未来へと展開される自分自身の「物語」を作り上げます。「切実な自己理解の要求」がそれを求めるからです。

〈例文25〉
物語は、現在を通して過去と未来を媒介する。すなわち、さまざまな「筋」の可能性を秘めた物語のなかで、過去と現在が未来を規定し、また、未来と現在が過去を規定するのである。

（坂本多加雄『象徴天皇制度と日本の来歴』）

「すなわち」は「物語は、現在を通して過去と未来を媒介する」と「さまざまな「筋」の可能性を秘めた物語のなかで、過去と現在が未来を規定し、また、未来と現在が過去を規定する」を言い換えています。ですから、「現在を通して過去と未来を媒介する」＝「過去と現在が未来を規定し、また、未来と現在が過去を規定する」となります。この後者は「また」の前後に対があり、「過去と現在が未来を規定し」と「未来と現在が過去を規定する」で方向が反対になっていることがわかります。

現在を通して過去と未来を媒介する　＝　過去と現在が未来を規定し
また 未来と現在が過去を規定する

つまり、最初の媒介が、相互に対になっている二つの媒介で言い換えられているのです。

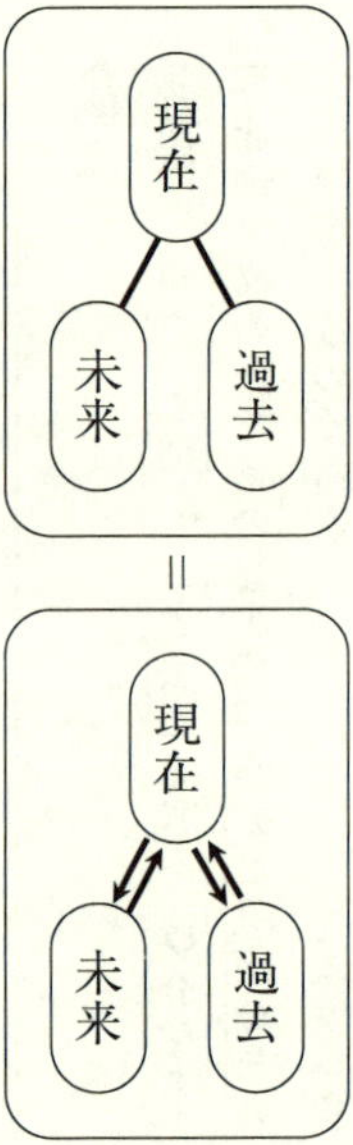

ここで面白いのは、過去から未来への方向だけではなく、未来から過去への方向も示しているることです。つまり未来を考えることで過去が決まるのです。「え〜！　過去は変えられないでしょ」。そうです。しかし、確かに過去の出来事は変えられないのですが、その意味づけを変えることはできます。そして、多くの人が「過去」と言っているのは、過

去への自分の「意味づけ」のことでしかありません。それが劇的に変化することを私は知っています。作文指導をしていると、しばしばそうした場面に出会うからです。

次は変化球です。今度も『エイジ』からの一節で、エイジが紹介するクラスメートのタモツくんの論理です。タモツくんは秀才ですが、「イイ子」ではありません。社会や人間心理の裏に通じています。マスコミが、「中学生」の犯罪で盛り上がっているのを強烈に皮肉ります。

タモツくんはパズルを解く手を休めずに、しょうがないなあ、というふうに笑った。

「ちょっとキザっぽく言うけどさ、人間には三種類しかないんだよ。わかる？」

わかるわけない。

「これから中学生になる奴らと、いま中学生の奴らと、昔中学生だった奴ら。この三種類で人間全部だろ？　だから、『石川貴史』（同級生で、通り魔事件の犯人）と関係のある奴なんてほんのちょっとしかいないけど、『中学生』は日本中みんなに関係あるんだよ」

これは過去、現在、未来の媒介の三項を出しているのです。それがわかれば、この三種しかいないことは自明ですね。それを使って、大人たちを皮肉るのは大したものです。

次はマルクスの『資本論』からで、物から商品が生まれる過程をまとめた文章の一部です。分類をまとめながら、媒介を図示してください。

〈例文26〉

①物は使用価値ではあるが価値ではないということはありうる。②その物が労働によって媒介されることなく人間に与えられる場合がそうである。③たとえば空気、処女地、天然の牧草地、原生林などがそうである。④物は有用でありかつ人間労働の生産物ではあるが商品ではないということもありうる。

（マルクス『資本論』牧野紀之訳）

①＝②＝③
④

①を②で言い換え、③はその具体例です。④の理解は難しいですね。

このテキストでは、語句の言い換えをおさえることが肝心です。①と②が言い換えですから、「物は使用価値ではあるが価値ではないということ」＝「その物が労働によって媒介されることなく人間に与えられる場合」がわかります。つまり、「価値」とは、「労働によって媒介されること」なのです。こうした語句の言い換えは重要です。この「価値」という意味は、普通の用語法ではなく、マルクスだけが解明した意味を表現しているからです。

さて、問題は④です。この「物は有用でありかつ人間労働の生産物ではあるが商品ではない」のうち、「物は有用でありかつ人間労働の生産物ではある」が、①の「物は使用価値ではあるが価値ではない」と対応していることがわかりましたか。④の「有用」「人間労働の生産物」は、①の「使用価値」「価値」にそれぞれ対応しています。そして、④の最後に「商品」が出てくるので、それがテーマらしいと推測できます。以上を分類の形でまとめれば、次ページのようになります。

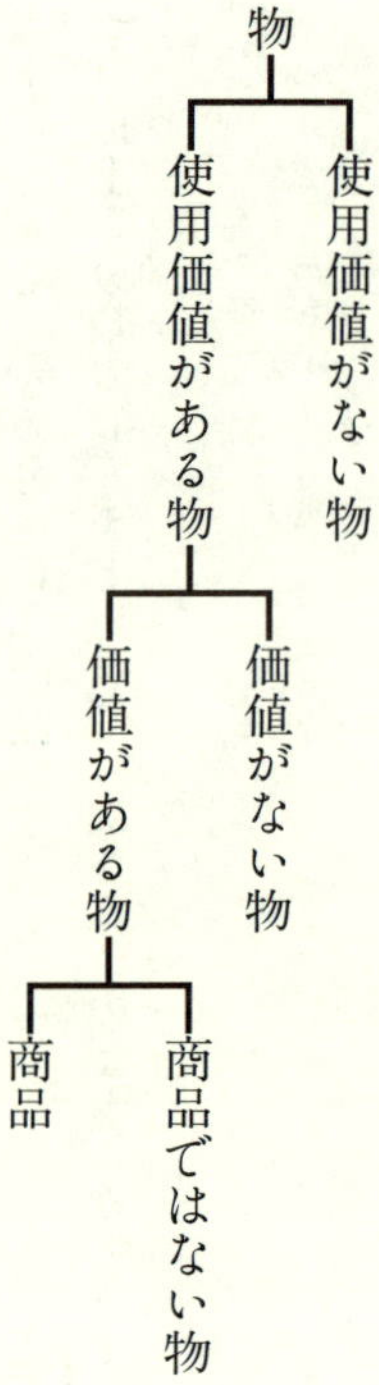

②の媒介を図で示せば次のようになります。

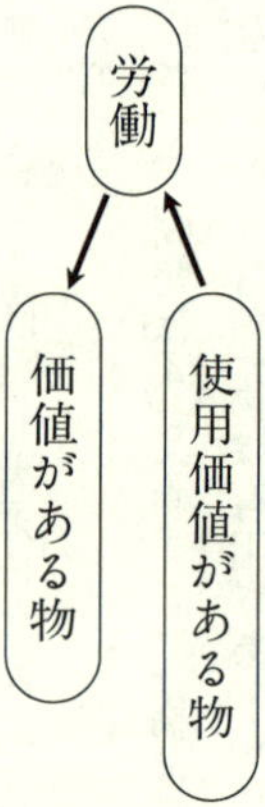

3　無垢な子どもとけがれた大人――直接か間接か

子どもと大人を比較して、「無《む》垢《く》な子ども」と「けがれた大人」といった見方をする人がいます。大人を堕落しているとし、「純粋な子ども時代に帰りたい」と言ったりする人たちです。「成熟」の拒否と言ってもよいでしょう。一時、ピーターパン・シンドロームという言葉も流行りました。

これを媒介で考えてみましょう。「無垢」とは媒介のないこと、「けがれた」とは媒介のあることです。

冬の朝、開けはなった窓から射し込む陽《ひ》の光。生後一年すぎた幼児が立ち上がり、両手をさし伸ばし、その光をとらえようとしています。それを見ていた両親は、社会科学者（著者で夫）と舞踊家（妻）なのですが、同じようなことを考えたと、著者は語ります。

〈例文27〉

子どもの所作に触発された私たちの思いは冷静ではあり得なかった。一瞬、光の乱舞に包まれて、無心にさし出された手は、世界とのひたむきな無垢の交通を告げていた。世界は、この子にとっては生きているが、私たちにとっては失われている。この子が大人になるときに、この子もまたそれを失うはずだ。そのことの自覚が、私たちには痛かった。そして、私たちが期せずして一致した思いは、そのような世界との交通を、何と遠まわりしてでなければ回復できないところにまで私たちは来ていることか、ということであった。自分と世界ともどもの甦りの迂回路に、妻は舞踊表現を思い浮かべ、私はそこに社会科学の営みを考えていたのだ。

（栗原あきら『管理社会と民衆理性』）

これは子どもと大人を、世界との関わり方において比較する文章です。

子ども	世界とのひたむきな無垢の交通	世界は生きている	
大人	世界との交通を遠まわりして回復	世界は失われている	自分と世界ともどもの甦りの迂回路

これを右の表のようにして、子どもは世界と直接的に関わり、そこには媒介がない、大人は媒介によって、世界と間接的に関わることしかできない――そうとらえると、著者の言っていることがわかりやすくなるでしょう。

そして、媒介項に、社会科学者は社会科学を、舞踊家は舞踊を考えています。

この著者は、子どもの方に、大人より価値を置いているように見えます。だから「この子が大人になるときに、この子もまたそれを失うはずだ。そのことの自覚が、私たちには痛かった」と言うのでしょう。

「もまた」は大人を受け、大人たちが世界を失ったように、子どもも世界を失う。それが「痛い」と言うのです。

なお、この例文は極めて「文学的」な文章で、比喩が多用されています。この比喩がくせものです。こうした比喩にコロッとだまされる人がいますが、いただけません。

「ひたむきな無垢の交通」「世界は生きている」「自分と世界ともどもの甦りの迂回路」といった表現は、論理ナシに、ある感情を、ある価値観を押しつけるものです。これでは子どもの世界が無条件に良いものになってしまいます。こうしたときこそ、論理が登場しなければなりません。「無垢」「生きている」とは、単に直接性を、無媒介という論理を指すに過ぎません。

また、この著者は、大人の媒介項に、学問と芸術を持ってきます。しかし、特別の学者や芸術家だけではなく、すべての大人は、媒介行為をして生きています。読者のみなさんもそうです。

さて、この子どもと大人の比較の観点は重要だと思います。子どもは確かに「世界」と無媒介につながることができます。この「世界」の具体例として、自然界ではなく社会、つまり人間関係で考えましょう。その方がわかりやすいからです。

たとえば、子どもは誰とでも仲良くなれます。どんなに喧嘩しても、翌日にはまた仲良く遊び始めます。外国の子どもたちともことばを介さずに遊び、仲良くなれます。大人はそうはいかないということを、私たちは知っています。そんな人間関係に悩むとき、「子ども時代に帰りたい」と思ったことがない人はいないでしょう。この著者も、そう思っているようです。

しかし、子どもの時が、一番幸福ならば、なぜわざわざつらい思いをするために大人に成長する必要があるのでしょうか。この問題をどう考えたらよいのでしょうか。対極にある考え方を紹介しましょう。少し長いですが、大切な箇所なので、我慢してください。

〈例文28〉

（1）人間は社会的な生物です。だが他の社会的な生物とは異なり、人間はお互い同士の直接的な関係によって社会を形成するのではありません。人間はそもそも言語を媒介としなければ集団を形成できません。法を媒介としなければ共同体を形成できません。貨幣を媒介としなければ交換関係を形成できません。社会的な生物としての「人間の本性」には、それゆえ、人間と人間とを関係づける「媒介」としての言語や法や貨幣が必須の存在として含まれているのです。

（中略）

（2）①ユートピア主義者たちは、媒介のない社会——言語も法も貨幣もない社会を夢見てきました。②しかし、私たち人間は言語を語り、法に従い、貨幣を使うことによって、私たちを超えた意味や規範や価値の体系を自分のものにすることができるのです。③そして、まさにそのようにして手に入れた超越的な立場から、一個の生物としての自分の認識や目的や欲求を相対化することができるようになるのです。④自分を見るもう一つの目――「外部」からの目を手に入れるのです。⑤それによってはじめて人間は、自分の「内部」に遺伝的に書き込まれた行動パターンの総計としての存在から「自由」になる可能性をもつのです。⑥すなわち、人間が人間になるのです。

（岩井克人「遺伝子解読の不安」）

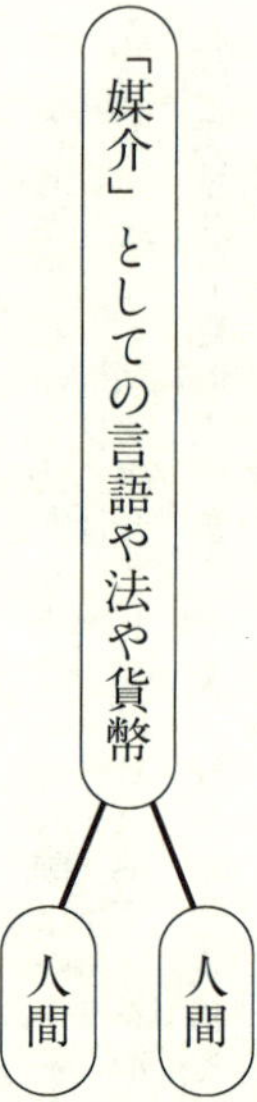

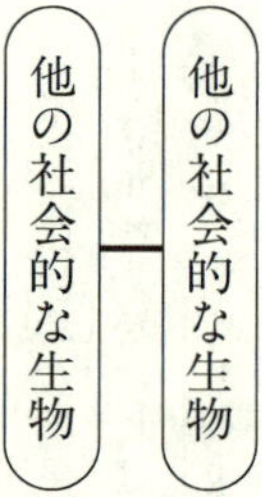

（1）段落の内容は、この図でわかるでしょう。人間と人間をつなぐには、媒介（言語や法や貨幣）が必要だということです。先のテキストでは学問と芸術を例に出していましたが、考え方は同じです。人間以外の社会的な生物は無媒介で直接的に関係できます。比喩的に言えば、「無垢」で「生きている関係」と言えます。だから、（2）段落にあるように、「媒介のない社会」が理想的だと考える「ユートピア主義者たち」が現れるのです。実は

私も二十代にはそうでした。

しかし、このテキストでは「媒介のない社会」を不自由とし、「媒介のある社会」こそが自由なのだとしています。なぜなら媒介によってのみ、「自己相対化」が可能だからだと言います。この論理を考えましょう。

まず(1)段落の立場の反対を、(2)段落の①でまとめ、それを「ユートピア主義者たち」の立場だとします。ここから、彼らが「媒介のない社会」＝理想＝自由と考えていることがわかります。②以下は、冒頭の「しかし」でわかるように「ユートピア主義者たち」に反対の立場、つまり著者の立場の提示です。②では、「言語や法や貨幣」といった「媒介」を、人間を「超えた」体系と言い換え、③ではそうした媒介を使う立場を「超越的な立場」と言い換え、その立場から「自分を相対化する」ことができるようになったと主張しています。そして④では、媒介のことを「自分を見る」「外部」からのもう一つの目」と言い換えています。「超えた」「超越的」とは人間の「外部」に存在するという意味なのです。また、④で「外部」と言い換えたのは、⑤で「内部」という言葉を引き出すためです。「外部」による相対化によって、「内部」の遺伝決定から「自由」になる可能性を得たと、言いたいのです。

ここで急に「遺伝」の話が出てきて驚かれた読者の方もいると思います。実は、このテキストは遺伝決定論（人間社会のすべてが遺伝によって解明される）への反論のために書かれました。

さて、このように論理を追ってくると、二つの疑問が浮かぶのではないでしょうか。第一に、自己相対化にはなぜ「外部」の目が必要なのか。第二に、相対化ができると、なぜ遺伝決定から「自由」になれるのか。それを考えてみましょう。

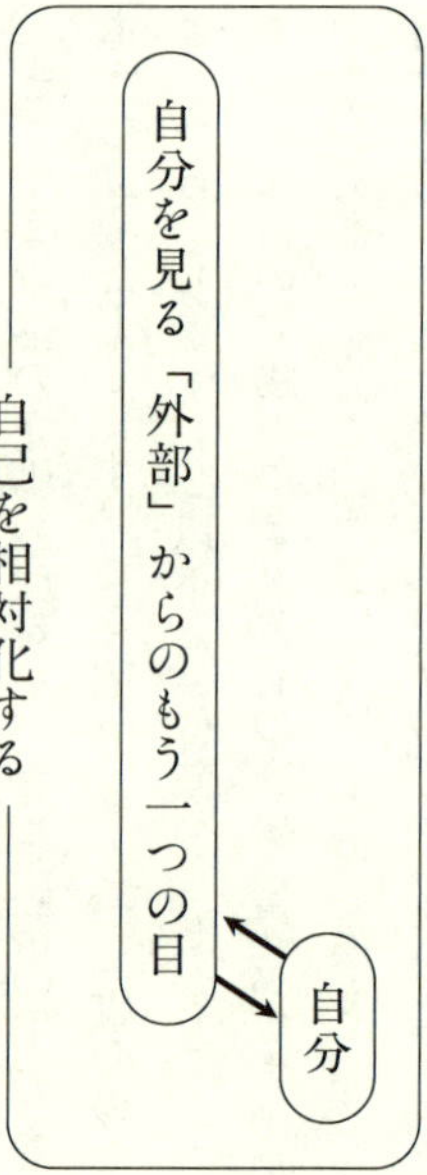

自分を相対化するとは、自分を自分以外の視点から見ることに他なりません。それは自分を自分の外の他者の視点から見ることです。しかし、私たちは、自分の見方に囚《とら》われていますから、なかなか自分から抜け出せず、外部の視点を得られないのです。それには、

ある程度の社会的強制力を持った力が、外部に必要です。それが、ここでの「言語、法、貨幣」です。それを私たちは自由にはできません。それらのルールに従いながら、関わることしかできません。しかし、その「不自由」が私たちの「自由」を作る、とテキストは主張しています。

ところで「自由」とは何でしょうか。私はたくさんの高校生たちを見てきましたが、彼らはよくこう言います。「俺の学校は自由なんだ。校則ないからね」「私の学園は自主性を尊重してくれるから、自由よ」。こうした意見に反対する声を聞いたことがありません。校則がある＝不自由、校則がない＝自由、と考えているのです。スカート丈はひざ上何センチとかといった、くだらない校則ばかりの学校が実際には多いようです。そうした校則は問題外として、一般に校則がないのが自由なのでしょうか。こうした考えは、大人にも多いですね。法律やルールがなければないほどいい。多くの人はこう思っているはずです。「では、憲法がない方がいいですね？　基本的人権をうたう憲法などない方が、国民は自由ですね？」。

直接的な関係、ことばも要らない関係は確かに存在します。恋愛の初期、二人が盛り上がって「世界は二人のためにある」といった状態になっているときです。それを「至福の時」と感じる気持ちが理解できないわけではありません。

しかし、そうした状態は続きません。関係はマンネリになり、どちらかの気持ちが離れ、破局を迎えたとします。そのとき、どうなるでしょうか。憎み合って別れるならば、壮絶な喧嘩です。慰謝料をめぐって、子どもの親権をめぐって泥仕合が延々と続きます。媒介なしには、どうしようもなくなります。そして、家庭裁判所に離婚の調停を依頼するのです。この時、裁判所、法律が、二人の前に立ちふさがります。それによって、やっと二人は、二人だけの憎しみの連鎖、負のスパイラルから脱出する可能性を得るのです。しかし、両者が別れることに同意できた場合はまだましだと言えます。一方の気持ちだけが離れ、他方にはまだ執着がある場合は、さらに難しいことになります。ストーカー被害がなぜこれだけ多いのか考えてみてください。警察が出てこないと収拾がつかなくなります。

自分を超えたものがあるからこそ、それによって、自由になれるのです。これが、テキストで言う「自由」です。もし、遺伝決定論が正しいならば、人間が愛し合い、また憎み合うことは、すでに遺伝的に組み込まれており、そこから自由になる方法はありません。読者のみなさんはどうお考えになりますか。

ここで出てきた「自己相対化」の論理は極めて重要です。もう少し練習しましょう。

4　自己相対化

私たちは自分を考えるときに、他者と比較します。兄弟姉妹や周囲の仲間や同僚、時にはスターや著名人、また歴史上の人物とも比べながら考えていきます。また、周囲からのさまざまな意見を聞き、時々は反省したりもします。親や教師や上司や仲間や恋人、すれ違う不特定の人々など、たくさんの他者からの視線にさらされながら、私たちは生きているわけです。

さてここには、往復運動があります。自分から（A）、他者の立場にいったん移り、そこから自分を見て（B）、最後に見られる自分に戻ってくる（C）のです。つまり、他者を媒介として自己を相対化し、自己理解を深めているわけです。

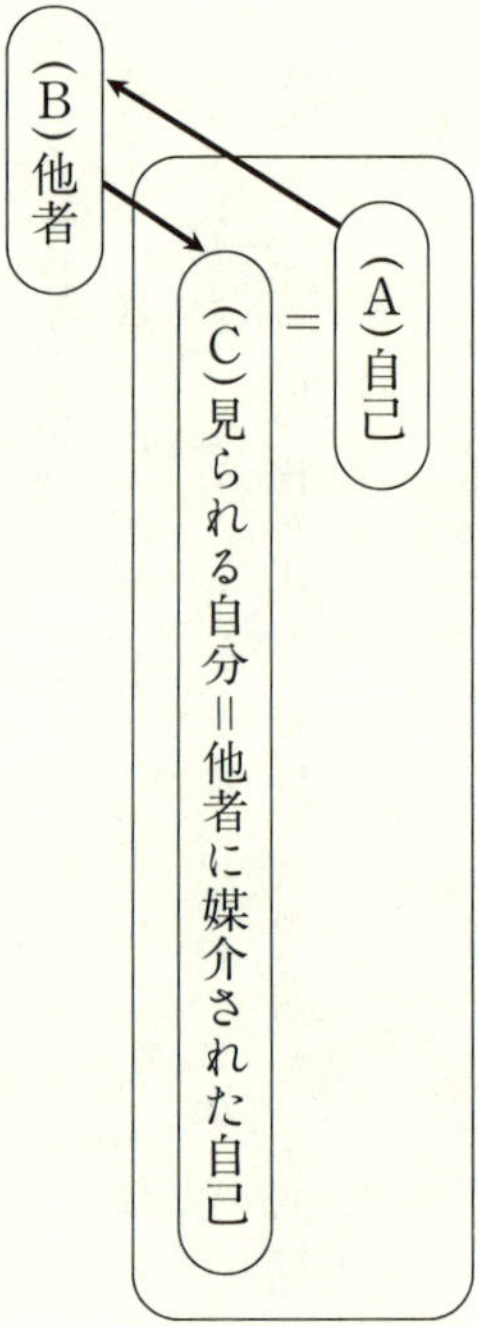

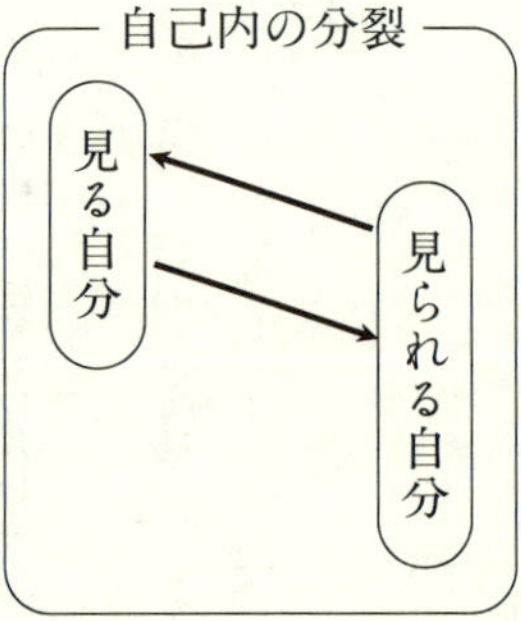

しかし、他者を媒介に自己理解が進むのは、実は自分の中にその他者の位置から自分を見るもう一人の自分があるからです。自分が二重化され、見られる自分と見る自分とに分裂が起きているのです。それは他者による媒介に対して、自己自身による媒介、つまり「自己媒介」だと言ってよいでしょう。言い換えれば、「自己相対化」は「自己媒介」ゆえに可能なのです。

以下のテキストは、モリエールの喜劇の観客に何が起きるかを分析しています。④の文の内容を媒介で説明してください。

〈例文29〉

①僕等はその主人公にあまり親しみを覚えすぎてしまう。②彼等はもはや嘲笑の対象たるに適した抽象的なタイプではなく、生きた人間の血肉を備えて僕等の眼前に現われるのみでない。③彼等の心を僕等はついに自分の心の一部として感ずるに至るのである。④彼等の滑稽な姿を嗤ううちに、僕等はその笑いがいつか自分自身の上に帰って来て、眼に見えぬ棘のように心を螫すのに気付く。

（中村光夫『日本の近代』）

①を②以下の文が説明しています。②の文には前半と後半で対があり、②と③の文も対です。

主人公を他人として見る
- 抽象的人間（タイプ）＝②の前半
- 具体的人間（生きた人間の血肉）＝②の後半

主人公を自分（の心の一部）として見る＝③

こう図示するとわかりやすいでしょう。この①から③への変化の意味を説明しているのが④ですが、ここに媒介構造があります。初めは「彼等の滑稽な姿を嗤《わら》う」だけなのですが、そのうちに「その笑いがいつか自分自身の上に帰って来」るのです。そして「眼に見えぬ棘《とげ》のように（僕等の）心を螫《さ》す」ことになります。

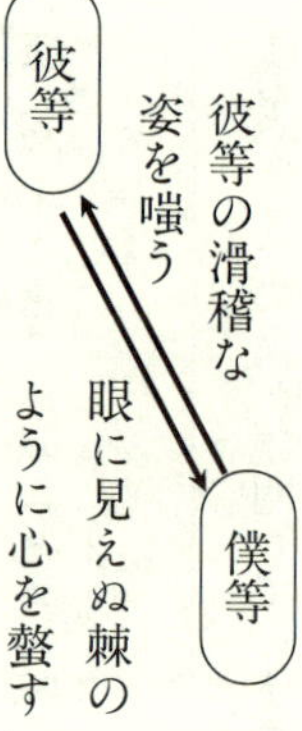

ここでは「彼等」（喜劇の主役たち）という他者が媒介項になっているように見えますが、実は彼等への「（僕等の）笑い」が「自分自身の上に帰って来」ているだけなのです。ですから、自己が二つに分裂し、笑う自分と、その自分を笑う自分とが現れていることになります。つまり、自分に自分が媒介されているのです。「彼等」はその触媒に過ぎません。これが「自己相対化」の論理でもあります。自分を客観的に眺めて笑っているので

す。

たとえば、私たちは何かの失敗をして他人に見られていると、「恥ずかしい」と感じます。しかし、実際にそこに他人がいなくても、恥ずかしいと感じることがあります。それは、その他者の位置から自分を見ている自分がいるからなのです。

5　宗教的生と「自己媒介」

この「自己媒介」「自己相対化」は、宗教や神にも関係するようです。次のテキストを見てください。

〈例文30〉

①自然的生が人間的なものであるのに対して、宗教的生はなんらかの意味で人間を超えた生きかたであり、あるいは人間を超えたものに媒介された生きかたである。②しかし宗教的生は非人間的な生ではない。③ある意味ではあるべき人間の生きかたであり、また真に人間的な生きかたであるということもできる。

（笠原芳光「宗教的生の始まり」）

テキストが「自然的生」と「宗教的生」を比較していることは、①からすぐにわかります。

自然的生＝人間的なもの
宗教的生＝人間を超えた生きかた、あるいは人間を超えたものに媒介された生きかた

②と③が対になっていて、「宗教的生」についてまとめています。③の「また」の前後は言い換えでしょう。

宗教的生
- 非人間的な生　×
- あるべき人間の生きかた＝真に人間的な生きかた　○

これを「人間の生」の分類としてまとめ直しましょう。

- 人間の生
  - 非人間的な生
  - 人間的な生きかた
    - 自然的生
      ＝人間の自然のままの（媒介のない）生きかた
    - 宗教的生
      ＝人間を超えたものに媒介された生きかた
      ＝あるべき人間の生きかた＝真に人間的な生きかた

ところで、②冒頭の［しかし］の前後にはどういう対があるのでしょうか。宗教的生は「人間を超えたものに媒介された生きかた」ですが、「人間を超えたもの」＝「非人間」ですから、「人間を超えたものに媒介された生きかた」は、「非人間的な生」になると予測されます。

しかし、実際はその正反対の「あるべき人間の生きかた＝真に人間的な生きかた」になると言っているのです。この「言い換え」（イコール）でありながら「対」（反対）の形が「逆説」「矛盾」「パラドックス」でしたね。

人間を超えたもの（非人間）に媒介された生きかた
＝
真に人間的な生きかた

最後に「宗教的生」の媒介関係をまとめれば次のようになります。

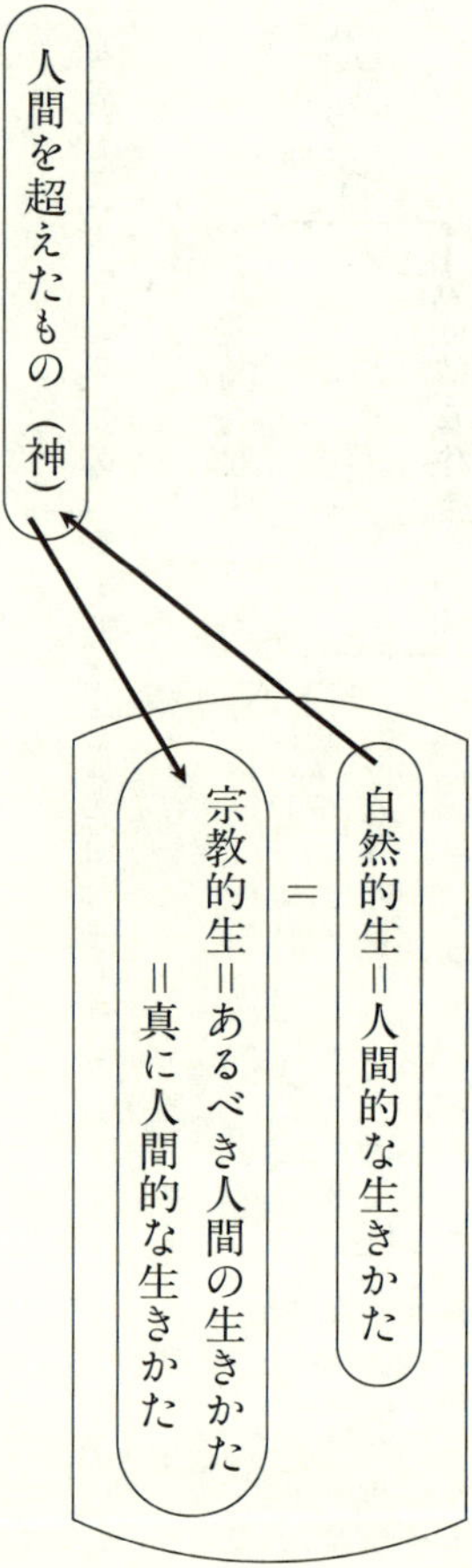

これを時間の経緯で図示すれば、こうなります。

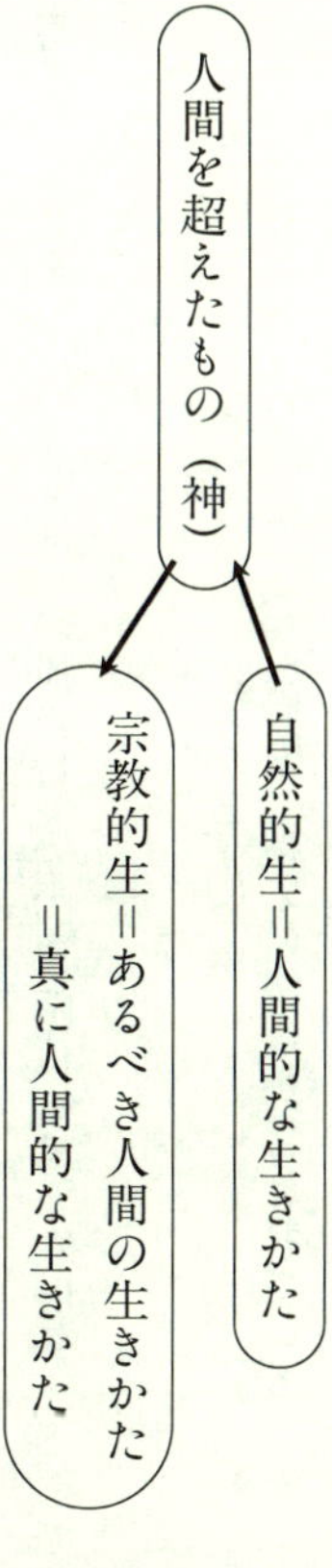

これは「人間を超えたもの（神）」という他者に媒介されているのですが、これまた他者による自己相対化の話であり、それは自己媒介に他ならないことがわかるでしょう。そして、自己媒介とは、このテキストで「逆説」として表現されているような不思議な関係なのです。神とは、自己相対化を絶対的に求めた人間が、その保証装置として創造したものなのでしょう。

6　因果関係（原因と結果）、論証、根拠、仮説

普通の論理の本では、因果関係（原因と結果）は、「対」（反対）の一つとして紹介されます。他の対と同じように、原因と結果の二つが切り離せないことはすぐにわかります。しかし、その一方で、この因果関係だけは特別扱いされ、「論証」などとして取り上げたりもします。論理は根拠（原因）と主張（結果）からなっているからだ、というわけです。

このことをおかしいと思った読者の方はいませんか。なぜあまたある対の中で、特別にこの因果関係だけを、例外的に、特権的に扱うのでしょうか。「論証が論理だから」では答えになりません。「ではその他の対と、因果関係とはどう関係するのですか？」とさらに問うべきでしょう。

すでに取り上げた中に、この原因・結果の関係が含まれているテキストがあります。〈例文24〉（118ページ）です。

〈例文24〉

①『詩学』は古典劇の法則を述べたものだという風な言い方が一般に通用しているが、これは誤解をまねきやすい言葉だ。②なぜならアリストテレスはここで、[抽象的な演劇法則を冷やかに記述した]のではなくて、[彼自身親しく見ることができ、また読むことができた無数のすばらしい劇作品によって喚起された感動を、できるかぎり率直に、明確に表現しようとした]からだ。

（篠田一士「批評の読みかた」）

すでに指摘したように、この①と②の関係は結果と原因、または主張と根拠の対ですから、次のように図示できます。

①主張
②根拠

しかし、どうもしっくりしない感じがします。

結果と原因、主張と根拠の関係は、他の対とは違うように感じるのです。そして次のような矢印を書きたくなります。

結果 ← 原因　　主張 ← 根拠　です。

この感覚が実は正しいのです。なぜなら、その関係は単なる対ではなく、実は「媒介関係」なのです。しかも特殊な媒介なのです。つまりこの矢印は、実は双方向に向くと考える方がより深い理解なのです。これについては「仮説」を例にした方がわかりやすいようです。

「仮説」とは次のように説明されます。「仮説は一連の現象を統一的に説明するために行われる推測であって、（中略）十分な論証を受けた客観的真理とは認めがたい、蓋然的なものである。仮説と他の既知の真理とを組み合わせ、それから導き出された結論が事実と一致するか否かを観察・実験によって確かめることにより、仮説の真偽が検証される」（岩波『哲学小辞典』）。

ここで、現象（事実）と仮説の関係を表にすれば、

仮説を作る段階	現象を統一的に説明できるような仮説（推測）⬆一連の現象
仮説を検証する段階	仮説⬇仮説から導かれた、事実（現象）に関する結論（推測）

となるでしょう。ここに、両方向の矢印が現れることに注意してください。実はこれが媒介なのです。

ところで、ここで仮説と現象は、いったいどちらが「根拠（原因）」なのでしょうか。読者のみなさんは、当然のように現象が根拠で、それによって仮説が形成されたと考えるでしょう。しかし、ではその仮説の真偽を検証する段階ではどうなるのでしょうか。仮説から導かれる現象を予測し、その結論が実験などで検証されます。この「仮説から導かれる現象」とは、仮説を根拠にして現象を導き出しているのではないですか。

「アレー!?」「こりゃ、何なんだ!?」という声が聞こえます。そうなのです。この両項は、いずれもが相互に根拠となっているのです。現象を根拠にして、仮説が形成され、その仮説を根拠にして現象が予測されたのです。両者は相互に根拠として、互いを媒介し合って

いるのです。ですから、次のように図示できます。

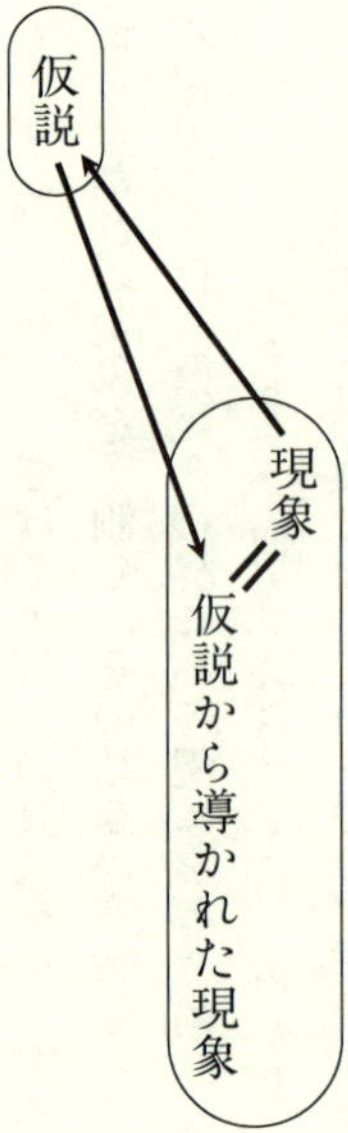

これを時間的に図示すれば

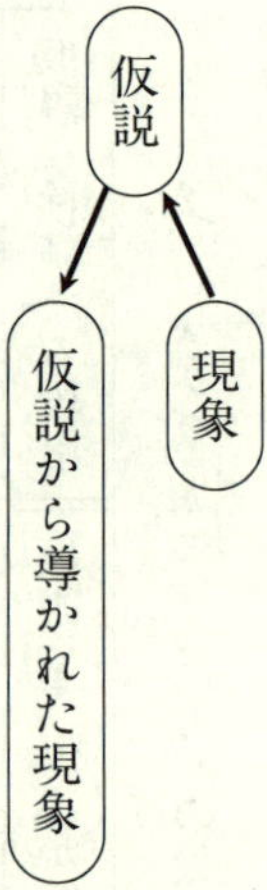

これは、次のようにも図示できます。

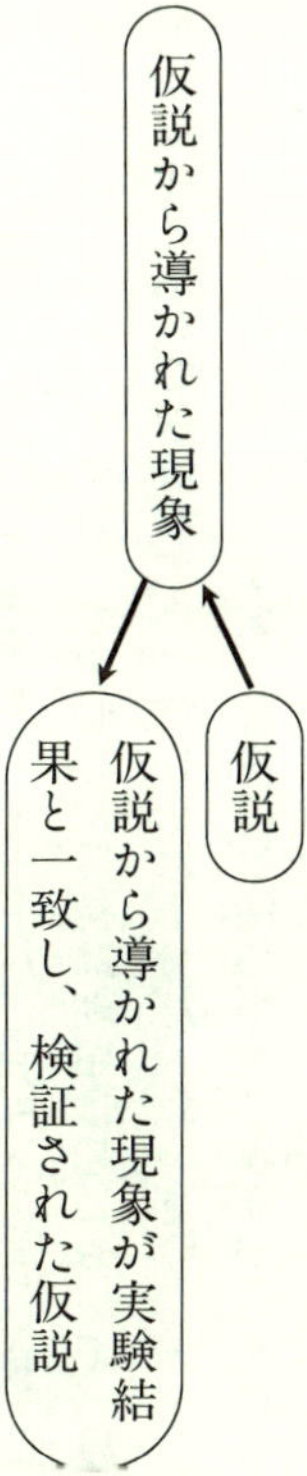

この二つの図は同じ関係を起点を変えて見ているにすぎません。つまり仮説と現象との往還運動は、一回きりのものではなく、繰り返されていく運動なのです。

さて、ここまで理解が進んだとき、先の原因と結果の関係が、この現象と仮説の関係と同じであることに気づくでしょう。つまり、

結果 ⇅ 原因　　主張 ⇅ 根拠　です。

なぜこんな不思議なことが起こるかというと、原因と結果は同じ一つのものが、その姿を変えただけだからです。原因が結果として現れているだけで、両者はそもそも同じもの

だからです。原因は結果に媒介されて初めて原因となり、結果は原因に媒介されて初めて結果となるのです。

実は、ここでは人間の認識そのもの、思考の本性そのものが問題になっているのです。私たちの思考は、ある対象（現象）の奥に変わることのない本質（根拠）を想定することから始まります。ここにすでに二重化と媒介が現れています。なぜなら本質は現象に媒介されてこそ、その本質ですし、現象はその本質に媒介されてこそ、その現象だからです。

そして、こうした対象内での二重化は、実は認識する人間の側の内的二分に対応するのです。つまり、思考はそもそも、世界を自分と対象に分けることから始まり、それが対象をも自分をも二重化し、そこからすべての対と言い換えが生まれたのです。そして、この自己内の二重化が「自己媒介」を可能にしたのです。

以上、「媒介」について説明してきました。「対」や「言い換え」と比べて、「媒介」の理解はムズカシイですね。ですから、最初は理屈は脇において、媒介を「三角形」という簡単なイメージで理解していただければ十分だと思います。練習しているうちに、その深い意味合いがわかってきます。普段の生活の中で、媒介がいかに大きな役割を果たしているかもわかってくるでしょう。

最後に付け足しです。論理用語や普通の語句には、これまで練習してきた対概念とは別に、トリアーデという三つの組み合わせがあります。

「現在、過去、未来」「陸、海、空」「政、官、財」「司法、立法、行政」「宗教、科学（学問）、芸術」「普遍、特殊、個別」などですが、これらが三項になる理由がわかりますか。そうです。これは媒介なのです。

「三」という数字が出てきたら、媒介ではないかと考えてみるとよいでしょう。「三権分立」「三段論法」などを思い浮かべてください。「三段論法」、つまり推理は媒介そのものです。

いろいろ例をあげてみました。これらがどういう媒介かは、みなさんで考えてみてください。

★「三」という数字は媒介　「三権分立」「三段論法」など

第七章　文の流れ［文脈］を読む

論理は、基本的には「対」と「言い換え」と「媒介」の三つしかありません。しかし、これらを理解したからといって、すぐに文章や評論を読めるわけではありません。論理は、論理だけであるのではなく、あくまでも、文の流れの中で、文の展開によって示されるからです。そこで文の流れ、文の展開を正確に追っていくことが必要になります。

文の展開というと、すぐに「起承転結」とか「序論と本論」とかが出てきます。しかし、こうしたパターン分けのことを言っているのではありません。そうしたことを言う前に、文が流れる様子を丁寧に観察し、文と一緒に流れていけるようになることが重要なのです。

1 「直前・直後」の大法則

文は前から後ろへと流れていきます。こんなことは当たり前だと思うかもしれませんが、これはとても重要なことです。

この「前」と「後」という表現はまだ曖昧で、もっと正確には「直前」から「直後」へと言うべきでしょう。つまり、文を読むとは、直前と直後がどう関係するかを考えることになります。しかし、多くの人は、「直前」や「直後」ではなく、その周辺を適当にさまようので、「かなり前」か「かなり後」をさがすことが多いようです。そうすると読めなくなります。

「直前・直後」の大法則

★「対」と「言い換え」は「直前か直後」にある
★「媒介」は「直前と直後」に三項がある
★指示語は「直前か直後」を受ける
★「原因、理由」は「直前か直後」にある

今まで対と言い換えと媒介を練習してきましたが、そこでは常に直前・直後の原則を守ってきました。ですから、これは初めて出てきたルールではありません。ここでは、それを自覚し、確認してほしいのです。

では、文脈を読む練習をします。「直前・直後」の大法則に気をつけてください。

〈例文31〉

①歴史的にみれば、西洋での民主主義は、個人主義を前提として成りたったものである。②また周知のようにその個人主義の歴史的背景は、人格的で同時に超越的な一神教である。③人間が平等であるという考え方は、自明の事実に基づくものではない。④社会的経験は、むしろその反対を暗示している。⑤戦場での騎士の能力は、明らかに平等ではなかった。⑥会社の事務員の能率も決して平等ではないだろう。⑦神との関係において、人間は平等であるという以外に、平等の根拠がない、という議論には説得力がある。⑧もし民主主義があらゆる人間に法律上の平等を与え、更にできれば経済上の平等を与えることを目的としているとすれば、西洋の民主主義の歴史にとって、神の観念が決定的に重要であったという理由は、容易に想像される。

（加藤周一「近代日本の文明史的位置」）

ここでは、二つ考えてみましょう。一つは、③で「自明の事実に基づくものではない」と言いますが、では何に基づくと言いたいのか、という疑問です。二つ目は、⑧の「西洋の民主主義の歴史にとって、神の観念が決定的に重要であったという理由」とは何かという問題です。

　これを考えるには、文の流れを追わなければなりません。

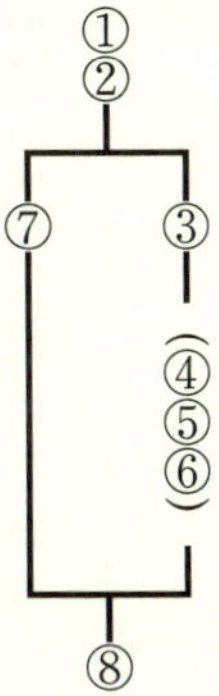

　全体としては、文章はこのように流れていると思います。①と②では、「西洋での民主主義」→「個人主義」→「人格的で同時に超越的な一神教（キリスト教）」と、その根拠を深めます。この①と②を受けて③がありますが、そこに否定があります。その対はどこにあるのでしょうか。

「直前・直後」の大法則がありますから、③の直後に答えが来なければなりません。しかし、④⑤⑥にはありません。それは③の否定の説明、具体例だからです。したがって、その直後である⑦に答えが期待されます。

③「人間が平等であるという考え方は、自明の事実に基づくものではない」
⑦「神との関係において、人間は平等であるという以外に、平等の根拠がない」

この二文が対応していることがわかります。③の「人間が平等であるという考え方は、…に基づく」と⑦の「…人間は平等であるという以外に、平等の根拠がない」が言い換えであることが、それを確認します。そして、③の「人間が平等であるという考え方」とは、直前の②ではなく、①の「民主主義」の言い換えですから、次のようにまとめられます。

西洋の民主主義、
つまり人間が平等であるという考え方は
自明の事実に基づくのではなく　×
神との関係に基づく　○

ここで「神との関係」とは、キリスト教を指しています。「神のもとでの平等」というのは、キリスト教の根本教義ですね。

さて⑧ですが、これは単に⑦の言い換えではなく、③から⑦までをまとめたものです。それは、⑧の内容が①と②の言い換えになっていることから確認できます。②の「人格的で同時に超越的な一神教」を「神の観念」と受けているのです。もちろんこれは、直前の⑦の「神との関係」を受けてもいます。

こう理解できれば、③以下は、①と②の説明のために入れた部分だとわかります。こうして全体の図が完成します。

以上のように読めれば、「西洋の民主主義の歴史にとって、神の観念が決定的に重要であったという理由」の答えが、前ページの対のまとめになることがわかります。これは実際に早稲田大学の法学部で出題された問題ですが、大学入試ではこのように文脈を対と言い換えで理解することを求めているのです。そして記述式問題では、一般に対で表現することが重要で、そこに採点基準も設定されることが多いのです。

〈例文32〉

丸山真男の文章から例を出します。次も、対と言い換えをおさえてください。

(1)派閥とか情実の横行ということも、つまりは『する』ことの必要に応じて随時に人間関係が結ばれ解かれる代りに、特殊な人間関係それ自体が価値化されるところから発生してくるものなのです。

(2)①けれども 政治における「である」価値の執拗な居すわりは、たんにこうしただれの目にも明らかな現象だけにあるのではないでしょう。②むしろ それは、人々の意識に容易にのぼらない政治的なものの考え方のなかに、至るところに根を張っているものなのです。

(丸山真男『「である」ことと「する」こと』)

(1)
(2)
①
②

(2)段落は「けれども」で始まりますから、その直前と直後に対がなければなりません。②の文の冒頭に「むしろ」があり、その前後に対があることもわかります。

それは「たんにこうしただれの目にも明らかな現象」と「人々の意識に容易にのぼらな

い政治的なものの考え方」の対比ですね。

政治における「である」価値の執拗な居すわりは

だれの目にも明らかな現象だけ　×

政治的なものの考え方のなかに　◯

この「現象」と「ものの考え方」は、現実と思考（考え方）の対です。さて、では「けれども」の直前と直後で対はどこにあるのでしょうか。実は、「こうしただれの目にも明らかな現象」は(1)段落の文の「派閥とか情実の横行」を受けています。するを対と言い換えでまとめるとこうなります。

派閥とか情実の横行

＝こうしただれの目にも明らかな現象

人々の意識に容易にのぼらない政治的なものの考え方

つまり、丸山は、「派閥とか情実の横行」を否定してすぐに「政治的なものの考え方」を出すのではなく、一旦「だれの目にも明らかな現象」と言い換えて、その上で、対を出したわけです。なぜこうしたワンクッション置くようなやり方をしたのでしょうか。「派閥とか情実の横行」という具体レベルの言葉を、いったん一般化して抽象レベルに引き上げ、「現象」という論理用語としてまとめるためです。それは同じ抽象レベルでの、反対の言葉「考え方」を出しやすくしたのです。ここに「立体性」があります。こうした操作は、具体例と抽象論との往還を行う文ではよく行われます。この時、この二つのレベルを同列に並べるのではなく、具体例と抽象的命題として立体的に理解することが大切です。

次は脳死をテーマにした文章です。ここでは二つの言い換えを考えてみてください。一つは①の「非常に奇妙なこと」です。もう一つは、④冒頭の「これ」です。どうですか、わかりますか。

〈例文33〉

①脳死を採用すると、非常に奇妙なことを認めなければならないことになる。②今の

今まで、医者は、相手を患者さんと呼び、その生命を守るために最善を尽くし、その手段の一つとして「生命維持」装置も使ってきたのである。③ところが、その同じ医者が脳死と認めた瞬間から（外見上は「患者」に何ら変化がないにもかかわらず）、その「患者」はもはや「患者」ではなく「死体」であり、その「死体」につけられているのは「生命維持」装置ではなく「臓器維持」装置になる。臓器を「新鮮かつ健康に」保存するための、言わば冷蔵庫のような装置になるのである。

④これは周囲の家族や関係者ばかりでなく、当の医者自身にとってさえ、いささかわかりにくい事態ではあるまいか。

（村上陽一郎「脳死を考える」）

テキストは、次の図のようになっています。

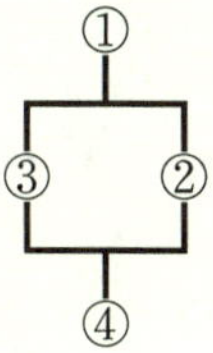

①の「非常に奇妙なこと」の直後に、その具体的説明、つまり言い換えが来るはずで

す。それが②と③の文です。③冒頭の「ところが」でわかるように、②と③は対になっていますが、この対自体が矛盾の構造を示し、それが「奇妙なこと」の説明になっているのです。そして、ダメ押しをするように、③の文中にも、二つの矛盾の表現が出ています。

「患者」は ─ 「患者」
　　　　　　 ＝
　　　　　　「死体」

「死体」につけられているのは ─ 「生命維持」装置
　　　　　　　　　　　　　　　 ＝
　　　　　　　　　　　　　　「臓器維持」装置

④冒頭の「これ」は、直前を受けるはずですが、直前がどこまでの範囲かを慎重に考えてください。これは②と③を受けます。②と③は、①の「非常に奇妙なこと」と、④の「これ」に挟まっているのです。このようにおさえられるようになれば、かなり読めるようになります。

④の文中に「周囲の家族や関係者」と「医者自身」が対になっていますが、これに「患者」を入れれば、「媒介」の完成です。医療における関係性は、患者と医者とで完結しません。「家族」が入り、それとともに社会が入っているのです。

なお、この媒介は、三者のどこを起点としても書くことができます。媒介項をどこに見るか、関係のどの側面を見るかで変わってくるからです。

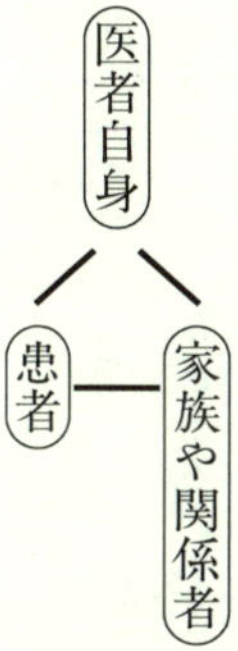

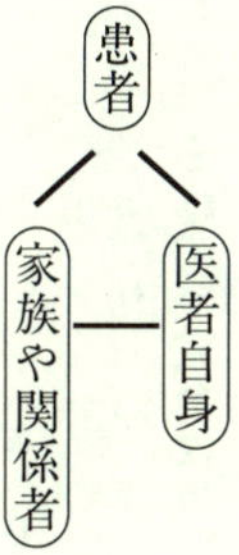

「媒介」の三角形は、実はどこを起点にすることもできるし、どこを媒介項にすることもできるのです。図で言えば、後の二つは、最初の三角形を時計（右）まわりに回転させたものになっています。これらは大きく言えば、同一の媒介であり、その力点をどこに置くかだけが違うのです。

人間の「三角関係」を「媒介」の例に出したことがありました。これも、三角形を回転させ、どこを媒介項に考えることもできます。こうして無限に回転しつつ、相互の関係が変化し、その中に人の本質がどう現れてくるかを楽しみながら読むのが「三角関係」小説の醍醐味でしょう。夏目漱石はそのエキスパートでした。

2 「完全枚挙」主義

具体例でも、論点でも、複数があげられる場合があります。その際に、あげられたすべてを確認しつつおさえていくことが大切です。それが「完全枚挙」主義です。漏れのないようにすることですね。

「完全枚挙」の原則

★あげられた具体例や論点を、最初から最後まですべて確認する。いくつあるのか
★その際に、順番を示す語句に着目する

・「まず」「次に」

・「第一に」「第二に」「第三に」……
・「はじめに」「次に」「そして」「第四に」……「さいごに」
・「まず」「次に」
・「第一に」「第二に」
・「ひとつは」「もうひとつは」

★二つの場合は「対」であることが原則。その対の意味を考える

こうした原則は、類書でもよく取り上げられます。本書で強調したいのは、二つの場合は「対」であることです。

では練習しましょう。

次のテキストは動物（の神経系）の分類の説明ですが、その(2)段落は、第五章1節「分類」の〈例文16〉ですでに取り上げました。その図は次ページのようになっていました。

- 動物＝
  - 強い動物＝
    - 平衡のとれた動物＝
      - 変動的な動物
      - 鈍重な動物
    - 平衡のとれていない動物
  - 弱い動物

次の例文の(1)段落中の「3つ」「4つ」は、右図とどう関係するでしょうか。また、(3)段落は、右図の動物の分類の図と、ヒポクラテスの分類を比較したものです。ヒポクラテスの分類を書き加えてみましょう。

〈例文34〉

(1)多くのイヌについて条件反射の研究をしてきた結果、次第に個々の動物の神経系がさまざまであるという問題が出てきた。神経系のいくつかの根本的特徴にもとづいて神経系を体系的に分類するための基礎がはっきりしてきた。その特徴は3つある。すなわち、根本的な神経過程（興奮過程と制止過程）の強さと両過程の平衡及び変動性とである。これらの3つの根本特徴の事実上存在する組合せは、神経系の多かれ少なかれ鋭どい印をもった4つの型に示される。

(2)(神経過程の)強さにもとづいて動物は強い動物と弱い動物とに分けられる。その強い動物は また 、両過程の平衡によって、平衡のとれたものと平衡のとれていないものとに分けられ、 さらに 、強くて平衡のとれたものは変動的なものと鈍重なものとに分けられる。

(3)この分類は、(ヒポクラテスによる)気質の古典的な体系化と一致する。 つまり 、強いが平衡のとれていない動物にあっては非常に強い興奮過程が同様に強い制止過程よりまさっているのだが、そういう動物は興奮しやすく制止しにくい型で、ヒポクラテスの胆汁質に当る。 次に 、強くて完全に平衡がとれてはいるが鈍重な動物はおとなしくて遅鈍な型であり、ヒポクラテスの粘液質に当る。 さらに 、(強くて)完全に平衡がとれていてかつ変りやすい動物は、活発で変動的な型で、ヒポクラテスによると多血質である。 最後に 、弱い動物の弱い型はヒポクラテスの憂うつ質に相当する。

(パブロフ「条件反射」牧野紀之訳)

まず、指示語を正確におさえなければなりません。(1)段落の「その」は「神経系のいくつかの根本的特徴にもとづいて神経系を体系的に分類するための基礎がはっきりしてきた」です。これを「根本的特徴」ととっていては理解できません。「神経系を体系的に分類するための基礎がはっきりしてきた」、その際の基準として（「もとづいて」）の「神経系のいくつかの根本的特徴」を受けているのです。

「すなわち」は直前の「3つある」を直後の「根本的な神経過程の強さと両過程の平衡及び変動性とである」で言い換えています。「これら」は直前の「根本的な神経過程の強さと両過程の平衡及び変動性」です。

(3)段落冒頭の「この」が受けるのは、直前ですが、前の(2)段落全体を受けます。つまり、(2)の図（184ページ）全体です。次の「つまり」は、直前の「この分類は、（ヒポクラテスによる）気質の古典的な体系化と一致する」を、直後から最後までの「強いが平衡のとれていない動物にあっては非常に強い興奮過程が同様に強い制止過程よりまさっているのだが、～最後に、弱い動物の弱い型はヒポクラテスの憂うつ質に相当する」で言い換えています。「この分類は、（ヒポクラテスによる）気質の古典的な体系化と一致する」と言った上で、実際に一つ一つを確認して見せたわけです。このような長い範囲の言い換えに気をつけましょう。

(2)段落では「また」「さらに」、(3)段落では「次に」「さらに」「最後に」といった順番を示す語句に注意しながら読みます。(2)段落では三つが出てきます。(3)段落では四つがあります。

以上から、このテキストの内容をまとめれば、次のようになります。

- 動物（の神経系）＝
  - 強い動物＝
    - 平衡のとれた動物＝
      - 変動的な動物［多血質］
      - 鈍重な動物［粘液質］……〔神経過程の変動性〕
    - 平衡のとれていない動物［胆汁質］……〔神経過程の平衡性〕
  - 弱い動物［憂うつ質］……〔神経過程の強さ〕

（1）段落の「3つ」は図の対の数（「神経過程の強さ」「神経過程の平衡性」「神経過程の変動性」）です。「4つ」は、分類された種類の数ですね。「変動的な動物（多血質）」「鈍重な動物（粘液質）」「平衡のとれていない動物（胆汁質）」「弱い動物（憂うつ質）」の四つです。このように、出てきた数字の意味を確認し、「完全枚挙」の原則を心がけるのです。

なお、この(1)段落は、次の(2)(3)段落の分類図の概略を前もって読者に伝えるための段落だとわかります。これを「序論」とか「序説」と言います。また(1)段落では「動物の神経系」の分類だと書いてありますから、(2)段落での分類は、正確には「動物」ではなく、「動物の神経系」の分類だったことがわかります。

次のテキストは順番を語っていますが、二つしかない場合は、対になっていると考えた方がよいでしょう。その対の意味を考えてください。

〈例文35〉
ひとが自らについて語る物語(中略)での真実性とは、まず、[当人の物語を構成している個々の出来事や思い出が、当人にとって 真に実在したものであると考えられており]、かつ[他人も、その実在を何らかの形で承認しうることを意味する]。

(坂本多加雄『象徴天皇制度と日本の来歴』)

「まず」があるので「次に」を期待しますが、「かつ」という対の論理記号が来ています。順番であると同時に、対でもあるようです。それをまとめれば、

当人の物語を構成している
個々の出来事や思い出が

まず「当人」にとって真に実在したものである」○
かつ「他人」もその実在を何らかの形で承認しうる」○

の比較があることになります。「当人」と「他人」が対の関係です。「その実在」は直前を受けるはずですが、掛かりを考えると「当人の物語を構成している個々の出来事や思い出」を受けることがわかります。

ここでは、両方の肯定になっていますが、肝心な点はその順番にあるようです。著者は、あくまでも「当人」が第一で、次が「他人」だとしています。この順番は確かに大きな意味を持っていると思います。

例えば、若い人たちは、大学の推薦入試や就職試験などで、志望理由やそれにともなう人生経験をたずねられる機会が多かったと思いますが、その際にどのような物語を語ったでしょうか。本当に自分自身の物語を語ったでしょうか。そう思いこんでいるだけで、実際には親や教師たちが作り上げた物語を語った人が多いのではないでしょうか。

次も第六章「媒介」で取り上げたテキストです。世界と媒介ナシで触れ合える子どもと、媒介が必要な大人を対にし、社会科学者（著者で夫）と舞踊家（妻）の両親が、子どもと自分たちを比較しています。（2）段落冒頭の「だが」「もう一つ屈折」を考えましょう。

〈例文36〉

（1）子どもの所作に触発された私たちの思いは平静ではあり得なかった。一瞬、光の乱舞に包まれて、無心にさし出された手は、世界とのひたむきな無垢の交通を告げていた。世界は、この子にとっては生きているが、私たちにとっては失われている。この子が大人になるときに、この子もまたそれを失うはずだ。そのことの自覚が、私たちには痛かった。そして、私たちが期せずして一致した思いは、そのような世界との交通を、何と遠まわりしてでなければ回復できないところにまで私たちは来ていることか、ということであった。自分と世界ともどもの甦りの迂回路に、妻は舞踊表現を思い浮かべ、私はそこに社会科学の営みを考えていたのだ。

（2）だが、私たちの思いはもう一つ屈折していかざるを得なかった。ニーチェのメタファーを借りれば、駱駝、獅子を経ての小児への人生の回帰、あるいはワロン流にいうなら幼児期の根元的共同性への回路に、私たちが見出そうとしている活動は、もはや「芸術」と「学問」の名において呼ぶことができない類のものである。

（栗原あきら『管理社会と民衆理性』）

〔（1）
（2）

（2）段落冒頭に「だが」がありますから、二つの段落は対になるはずです。「もう一つ屈折」とあるので、直前に別の「屈折」が、直後には「もう一つ」の屈折の言い換えがあるはずです。

直前をさがすと「迂回路」が見つかります。「迂回路」とは媒介のことですから、「屈折」そのものです。ちなみにヘーゲルは、光が鏡に当たって反射する様子に、この媒介を喩《たと》えています。確かに屈折していますね。

「もう一つの屈折」は、直後の「もはや「芸術」と「学問」の名において呼ぶことができない」でしょう。媒介の役割を担うべきものなのに、それが不可能になっていることを「屈折」と言っているわけです。

しかし、「だが」があるので、この二つの屈折は対（反対）になっているはずです。それはどのような意味で反対なのでしょうか。

最初の「屈折」＝自分と世界ともどもの甦りの迂回路（芸術、学問）」＝世界との交通の回復は可能　○

「もう一つの屈折」＝「学問」の名においてもはや「芸術」と呼ぶことができない＝世界との交通の回復は不可能　×

前の「屈折」は、媒介ではあっても世界との交通の回復は可能だという点を見ており、後の屈折は、それが不可能になっているという点を見ているのです。

3 「本流」と「傍流」の区別をする

文章の流れを追う練習をしているのですが、ここで「本流」と「傍流」の区別を学びましょう。

文章とは、大きく分けると、結論に向けて論理を前へ前へと進めていく流れ、つまり「本流」と、前には進まず、その場に留まる流れ、つまり「傍流」とがあるのです。この区別はきわめて重要です。

「本流」と「傍流」の原則

★「本流」と「傍流」を区別せよ

・「傍流」の始まりと終わりの箇所をおさえる。その前後の文の流れを確認する

・「傍流」部分を括弧（　）でくくれば、その部分は飛ばしても文は理解できる

★なぜ「傍流」を入れたのかを考える

・直前の語句、文への注釈であるが、それはどこか。どのような注釈か

★「もっとも」「ただし」などの論理記号で始まる「但し書き」は傍流

・論理記号のない場合に注意せよ

★「譲歩」の場合に注意

イメージ図

［本流］

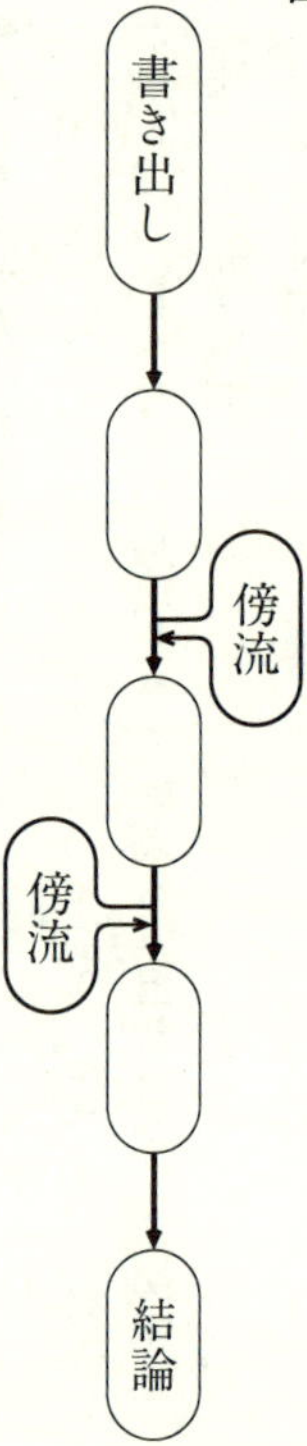

傍流は、本流の主張への但し書き、本流の語句への注釈として入ります。それは本流の流れから見れば、脇道にはずれたことになります。しかし、必ず、元に戻って、また本流に復帰する地点があるのです。ですから傍流部分を括弧（　）でくくれば、その部分は飛ばして読むことが可能なのです。こうした傍流の本質を明確に意識しながら、テキストの本流がどこを、どう流れているかを自覚することが必要です。

傍流でわかりやすいのは、「もっとも」「ただし」などで始まる「但し書き」でしょう。次のテキストの、どこに傍流と本流があるでしょうか。

〈例文37〉

> ①二重言語の人たち、とくに幼いときに二重言語的になった人たちの間に、しばしば思考能力の発達不全が認められる。②一か国語だけでなく二か国語を自由に駆使できれば、それだけ知見の範囲も広まり、思考も活発になりそうなものであるが、事実はかならずしもその通りにならず、逆の結果を示すことがあるのは興味ある問題である。③もっとも、そういう人にもきわめて高度の知性の持ち主もすくなくないから、一概に二重言語性が知的に有害だときめてしまうことはもちろんできない。④二重言語は両刃の刃物である。
>
> （外山滋比古「二重文学性について」）

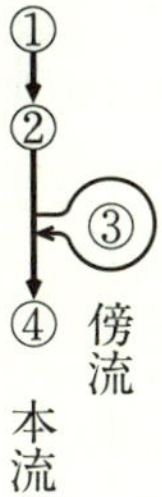

②は①を言い換えています。②は、文中の「が」と「逆の」という論理記号で、二重言語のプラス面とマイナス面を比較し、後者を強調しています。③が傍流で、但し書きです。これは①の後半の「しばしば思考能力の発達不全が認められる」が二重言語を有害と決めつけた、と誤解されないために入れたのです。ですから、④から本流に戻るのです

が、④の「両刃の刃物」が受けるのは、③ではなく、③を飛ばした直前である②になります。傍流は括弧でくくって省略できるからです。そこで、②の前半、後半のプラス面とマイナス面の両面を、④で「両刃の刃物」と言っていることが確認できます。「両刃」は「二」を含みますから、対を表しますね。

このように、「直前・直後の大法則」は「傍流」を超えて適用されます。これは重要な原則です。

★「直前・直後の大法則」は「傍流」を超えて適用される

「但し書き」は、「もっとも」「ただし」といった論理記号を伴わない場合も多いです。次の傍流部分がわかりますか。

〈例文38〉

①アルトーのような人が考えていたのは、ふつう「人間的」だと思われているような心理のプロセスだとか、身体活動だとかが、人間をつくっている生体の全活動領域

からみれば、ごくごく薄い膜とか層のようなものにすぎない、ということだった。②それが表層的だ、という意味では ない 。③ むしろ 、それは深層的ですらある。④知性や感情の働きは、無意識の世界を秩序づけている「構造」にしばられていて、その「構造」の効果のようなものとして、言葉や心理がうまれてくる。⑤それに、内臓や脳の器官によって、人間のからだはつくられている。⑥ けれど 、生体の全域でおこっているプロセスは、じっさいには、 もっと 複雑で、自由なのである。

（中沢新一「新人間機械論」）

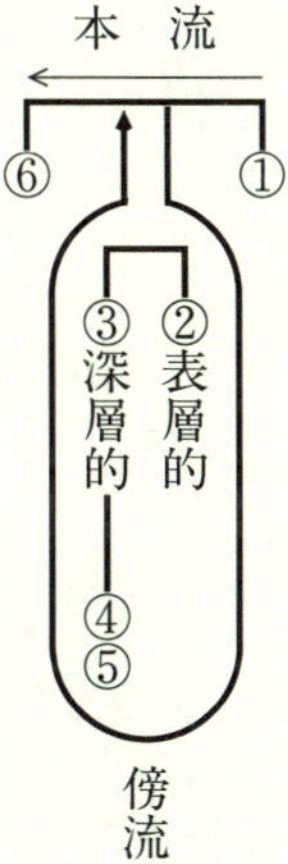

②から⑤までが傍流です。①の「すぎない」という否定的な言葉への注釈として、入れたものです。「すぎない」という言葉が、単なる否定と誤解されることを懸念したのです。

そこで、表層的（マイナス的）ではなく、深層的（プラス的）だと説明しました。④⑤は③の説明です。

問題は、⑥の冒頭の「けれど」です。これも「直前・直後の大法則」からは、直前を受けるのですが、⑤や④に答えはありません。傍流を飛ばして、①と対なのです。ですから、⑥の「生体の全域でおこっているプロセス」とは、①の「心理のプロセスだとか、身体活動だとか」に対応し、⑥の「もっと複雑で、自由」とは、①の後半「ごくごく薄い膜とか層のようなものにすぎない」に対応しているのです。

生体の全域でおこっているプロセスは
- ごくごく薄い膜とか層のようなもの　×
- もっと複雑で、自由　○

この例文のように、論理記号ナシでも傍流は多用されます。ですから、「本流と傍流」を意識しながら文脈を読むことが大切なのです。

ところで、あまり気づかれていませんが、実は「譲歩」が、この傍流を作っていることが多いのです。

4　「譲歩」の核心

譲歩の原則

もちろん（もっとも、確かに）［　A　］
しかし［　B　］

★対になるAとBの範囲を［　］でくくる
★AとBの対の意味を考えよ！
★文脈を読め！

譲歩の核心は、全体への意識があることです。つまり、物事には常に表と裏があり、二面性があります。これが大人の知恵ですね。そして、この両面を意識した結果、譲歩が生まれるのです。

対象を、ある側面だけから叙述していた場合には、その反対の側面からも再考したり、他の文脈にも位置づけたりするのです。

次は、第六章「媒介」でも取り上げた、遺伝決定論への批判をしているテキストです。「人間の設計図」とされたヒトゲノム（人間の遺伝子の配列）の解明が終わると、人間の社会法則がすべて解明できるようになったという言説が広がりました。それを厳しく批判しています。セレラ社とは、その解明をした会社名です。

このテキストの文の流れを読んでください。傍流はどこで、直前のどの語句へのどんな注釈でしょうか。

〈例文39〉

①セレラ社がどんなに調べても、ヒトゲノムの中に言語や法や貨幣に対応する遺伝子など見いだすことはできないでしょう。②たしかに人間は言語や法や貨幣を媒介とする能力を遺伝的に蓄積してきました。③だが、言語それ自体、法それ自体、貨幣それ自体は、人間の脳の内部にあらかじめ埋め込まれているわけではないのです。④言語も法も貨幣も、少なくとも生まれたての人間にとっては、まさに脳の「外部」から与えられる存在なのです。⑤そして、まさにここに人間の「自由」の可能

性が生まれてくるのです。

（岩井克人「遺伝子解読の不安」）

①
- ②遺伝的に蓄積〔傍流〕
- ③脳の内部に埋め込まれる　×
- ④脳の「外部」から与えられる　＝⑤「自由」の可能性　○

（③④：〔本流〕）

「たしかに」「だが」の譲歩構文です。「だが」は③④にかかっていて、②と（③④）が対になっています。さらに、③と④も対です。「遺伝的に蓄積」されることは認めるものの、「人間の脳の内部にあらかじめ埋め込まれている」ことを否定し、「脳の「外部」から与えられる」ことを強調しています。⑤の「ここ」とは「脳の「外部」から与えられる」ことで、それが「自由」の可能性だとしています。

　さて、これを本流と傍流の観点から見たらどうなるでしょうか。①で「遺伝子など見いだすことはできない」と否定したことへの注釈が②です。「遺伝的に蓄積」することは認めると言うのです。しかし③以下で、再度、遺伝外の要因を強調していますから、これは①に戻っていて、この流れが本流だとわかります。この②と③冒頭の「だが」を括弧でくくれば、①から③へと文がつながっていることが確認できます。この譲歩の形は、「但し書き」と同じ役割を果たしているのです。

しかし譲歩は、「但し書き」に留まる小さなものだけではありません。両面を考えること自体が中心になったり、さらに大きな展開を呼び起こす場合もあります。次の二つの譲歩構文は、文脈上の役割が違います。どう違うでしょうか。

〈例文40〉

(1)人間が、こういう不幸を感じたり、こういう苦痛を覚えたりするということは、人間がもともと、憎みあったり敵対しあったりすべきものではないからだ。また、元来、もって生まれた才能を自由にのばしてゆけなくてはウソだからだ。

およそ人間が自分をみじめだと思い、それをつらく感じるということは、人間が本来そんなみじめなものであってはならないからなんだ。

コペル君。僕たちは、自分の苦しみや悲しみから、いつでも、こういう知識を汲み出して来なければいけないんだよ。

◯

(2)もちろん、自分勝手な欲望が満たされないからといって、自分を不幸だと考えているような人もある。また、つまらない見えにこだわって、いろいろ苦労している人もある。しかし、こういう人たちの苦しみや不幸は、実は、自分勝手な欲望を抱いたり、つまらない虚栄心が捨てられないということから起こっているのであって、そういう欲望や虚栄心を捨てれば、それと同時になくなるものなんだ。その場合にも、人間は、そんな自分勝手の欲望を抱いたり、つまらない見えを張るべきものではないという真理が、この不幸や苦痛のうしろにひそんでいる。

○

(3) もっとも、ただ苦痛を感じるというだけならば、それは無論、人間に限ったことではない。犬や猫でも、怪我をすれば涙をこぼすし、寂しくなると悲しそうに鳴く。からだの痛みや、饑《う》えや、のどの渇きにかけては、人間もほかの動物も、たしかに変りがない。だからこそ僕たちは、犬や猫や馬や牛に向かっても、同じくこの地上に生まれて来た仲間として、しみじみとした同感を覚えたり、深い愛情を感じたりするのだけれど、しかし、ただそれだけなら、人間の本当の人間らしさはあらわれない。

人間の本当の人間らしさを僕たちに知らせてくれるものは、同じ苦痛の中でも、人間だけが感じる人間らしい苦痛なんだ。

では、人間だけが感じる人間らしい苦痛とは、どんなものだろうか。
（吉野源三郎『君たちはどう生きるか』）

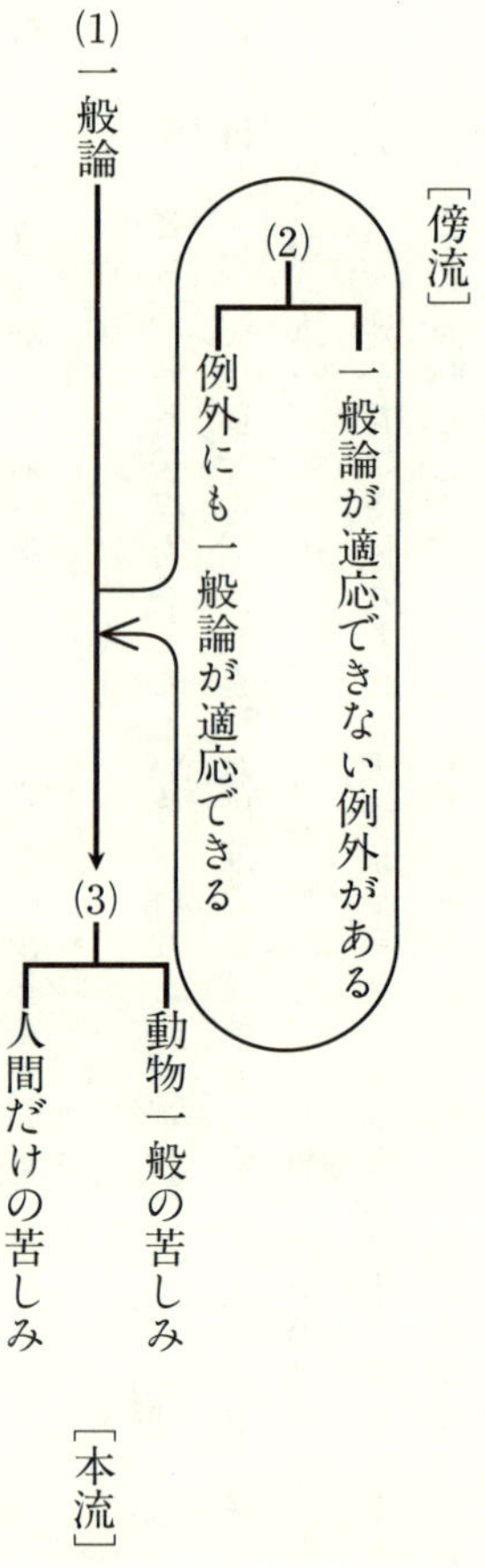

（1）節は一般論で、人間が自分の苦しみや悲しみから、人間の本性がどうであるかがわかるとしています。

（2）節は、「もちろん」「しかし」の譲歩構文ですが、直前の「自分の苦しみや悲しみから、いつでも、こういう知識を汲み出して来なければいけない」への注釈として入れたものです。「こういう知識」とはさらに直前の「およそ人間が自分をみじめだと思い、〜人間が本来そんなみじめなものであってはならないからなんだ」を受けます。「もちろん」以下は、その例外として、「勝手な欲望」や「虚栄心」ゆえの苦悩を取り上げています。これらは本来の「苦しみや悲しみ」から逸脱した場合だと考えているのでしょう。ただし、「しかし」以降では、そうした逸脱の場合も、一般論が適応できることを確認しています。ここで傍流を「もっとも」以下だけとし、「しかし」以下から本流に戻ったとも考えられます。しかし、ここは(2)節の全体を傍流と考えた方が適切なようです。どちらが適切かは、(3)節の理解で決まります。

(3)節にも、「もっとも」「しかし」の譲歩構文があります。しかし(2)の用法とは違います。「もっとも」以下では、(1)節の「苦しみや悲しみから、その本性がわかる」という考えを、一旦動物一般にまで拡大します。(1)節では、人間の話として叙述されましたが、実はすべての動物にも通用することだ、というのです。その上で、「しかし」以下では、その特殊な場合として人間をあげ、その人間だけの特殊な「悩み」を問題にしています。ここでは、動物と人間の対を出すのがねらいです。

このように、譲歩の構文は、文章を大きく立体的に展開する際にも、使用されます。ところで、(3)節は直前の(2)節の後半を受けるでしょうか。否、ここは(1)節を受けて、それを大きく展開しています。つまり、(3)節は本流そのものなのです。ですから、ここでは(2)節全体を傍流として考えるのが妥当です。

さて、ここまで付き合ってくださった読者のみなさんは、論理を学び、文の流れを学んだことになります。これでテキスト理解の前提はできました。あとは練習あるのみです。

5　まとめの問題

ここまでやってきたことの確認のために、問題を用意しました。三〇分ほどかけてやってみるとよいでしょう。

【問題】

①しばしば、儒教や仏教や、それらと「習合」して発達した神道や、あるいは江戸

時代の国学などが伝統思想と呼ばれて、明治以後におびただしく流入したヨーロッパ思想と対比される。この二つのジャンルを区別すること自体は間違いではないし、意味もある。

②けれども、伝統と非伝統というカテゴリーで両者をわかつのは重大な誤解に導くおそれがある。外来思想を摂取し、それがいろいろな形で私達の生活様式や意識のなかにとりこまれ、文化に消しがたい刻印を押したという点では、ヨーロッパ産の思想もすでに「伝統化」している。たとえ翻訳思想、いや誤訳思想であるにしても、それなりに私達の思考の枠組を形づくって来たのである。紀平正美《きひらただよし》から鹿子木員信《かのこぎかずのぶ》まで、どのような国粋主義思想家も、『回天詩史』や『靖献遺言』の著者たちの語彙《ごい》や範疇《はんちゅう》だけでその壮大な所論を展開することはできなかった。蓑田胸喜《みのだむねき》の激越な「思想闘争」すらW・ヴントやA・ローゼンベルクの援用で埋められていた。私達の思考や発想の様式をいろいろな要素に分解し、それぞれの系譜を遡るならば、仏教的なもの、儒教的なもの、シャーマニズム的なもの、西欧的なもの――要するに私達の歴史にその足跡を印したあらゆる思想の断片に行き当るであろう。

③問題はそれらがみな雑然と同居し、相互の論理的な関係と占めるべき位置とが一向判然としていないところにある。そうした基本的な在り方の点では、いわゆる

「伝統」思想も明治以後のヨーロッパ思想も、本質的なちがいは見出されない。

（丸山真男「日本の思想」）

[1] 傍線部「この二つのジャンル」とは何か。

[2] 傍線部「両者」とは何か。

[3] も は、「ヨーロッパ産の思想」以外に、何が「すでに『伝統化』している」と言いたいのか？

[4] 要するに は、前の何を受け、後の何で言い換えたのか。

[5] 傍線部「それら」は何を受けているか。

[6] 全体は三つの段落からなっているが、この三つの段落［①②③として］の関係を図にせよ。

[7] 三つの段落それぞれに「表題」をつけよ。

[8] 傍線部「問題は」とある。これを、A でなく て、B である 、という形でまとめよ。

なお、この原文には段落分けがありません。設問の都合で、三つの段落に分けました。この設問のうち、［1］から［5］までは、対と言い換えの問題です。［6］からが、立体的に読むための問題です。

では［1］から説明していきましょう。指示語「この」は直前を受けます。さらに「二つのジャンル」の「二つ」ということばから、直前に対があることがわかりますし、直前の「対比される」はまさに対を示します。以上から直前の「伝統思想」と「ヨーロッパ思想」が答えであることがわかります。

［2］の「両者」は直前を受けますが、「両者」という言い方から対を受けることがわかります。したがって直前の対を探すのですが、「伝統と非伝統（というカテゴリー）で」は「わかつ」に掛かっているので、「伝統と非伝統」が答えではありません。さらに前に遡りますと、「この二つのジャンル」に突き当たります。そこでその受けている「伝統思想」と「ヨーロッパ思想」が答えになります。

［3］の「も」からは、「ヨーロッパ産の思想」の前に何かが「すでに「伝統化」してい

る」こと、その何かと「ヨーロッパ産の思想」は対であることがわかります。その何かは直前にあるはずです。「外来思想を摂取し、それがいろいろな形で私達の生活様式や意識のなかにとりこまれ、文化に消しがたい刻印を押したという点では」は条件として「すでに「伝統化」している」に掛かっていますから、そこに答えはありません。さらに前を探すと、「両者」つまり「伝統思想」と「ヨーロッパ思想」に行き着きます。「ヨーロッパ産の思想」が「ヨーロッパ思想」の言い換えであることがわかれば、答えが出ます。「伝統思想」です。

つまり、ここは「伝統思想がすでに「伝統化」している」だけではなく「ヨーロッパ産の思想もすでに「伝統化」している」という意味なのです。

なお、「伝統思想」のナカミは、直前の「儒教や仏教や、それらと「習合」して発達した神道や、あるいは江戸時代の国学など」ですから、これを答えにしてもよいでしょう。ただし「など」を入れなければなりません。そのナカミは「儒教」「仏教」「神道」「国学」以外にもあるからです。こうした小さな「など」にも注意を払いましょう。

［4］以下の設問に取り組む前に、②段落中の具体例の箇所をカギ括弧でくくっておくとやりやすくなります。「紀平正美から鹿子木員信まで、どのような国粋主義思想家も……

蓑田胸喜の激越な『思想闘争』すらW・ヴントやA・ローゼンベルクの援用で埋められていた」までです。

［4］の「要するに」は言い換え記号です。直前と直後に言い換えがあります。直前の「仏教的なもの、儒教的なもの、シャーマニズム的なもの、西欧的なもの」（A）を直後の「私達の歴史にその足跡を印したあらゆる思想の断片」（B）に言い換えていることがわかります。ちなみに、こうした理解が正しいかどうかの検算方法があります。言い換えのA＝Bでは、両方を入れ替えても意味が通ずるはずです。そこで「A＋言い換え記号」を省略しても、「言い換え記号＋B」を省略してみても、意味が通じるはずです。この二つで検算してみるのです。

やってみましょう。「A＋言い換え記号」を省略したらどうでしょう。

「私達の思考や発想の様式をいろいろな要素に分解し、それぞれの系譜を遡るならば、私達の歴史にその足跡を印したあらゆる思想の断片に行き当るであろう」。

では「言い換え記号＋B」を省略してみましょう。

「私達の思考や発想の様式をいろいろな要素に分解し、それぞれの系譜を遡るならば、仏教的なもの、儒教的なもの、シャーマニズム的なもの、西欧的なものに行き当るであろう」。どうでしょうか。確認できましたか。

［5］「それら」は「指示語」ですから、直前を受けます。しかも「複数」あるはずです。答えは直前の「私達の歴史にその足跡を印したあらゆる思想の断片」です。その前の「仏教的なもの、儒教的なもの、シャーマニズム的なもの、西欧的なもの」を入れてはいけません。言い換えは最後に言い換えられた語句こそ、著者が言いたいことです。

読者のみなさんの中には、もっと前の方を探していた人はいませんか。「私達の思考や発想の様式」とか、「いろいろな要素」とか、「それぞれの系譜」などです。いや、もっと前を探していた人もいるでしょう。そういう人は「彷徨《さまよ》い人」「流浪の民」になってしまいます。「直前・直後の大法則」の重要さを再確認してください。

さて、［6］からが立体的な理解に関係する設問になります。この①と②は「けれども」で結ばれますから対になっていることがわかります。

① ②

では、この対に対して、③はどう関係するのでしょうか。実は、設問［8］は［6］を考えるヒントになっています。どうですか、わかりましたか。

設問［6］の答えは次のようになります。

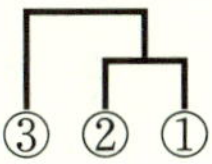

この図の意味は①と②の対をまとめたものと、③とが対であるということです。ここに「立体性」が現れてきます。①と②と③とを同じ平面で考えている限り、この答えは出ません。①と②のレベルの上に、それらをまとめたより抽象度の高いレベルがあり、そのレベルにおいて③と対になっているのです。

この関係がわかれば、設問［7］の「表題」ができます。表題は、相互の関係が明示されるようにつけます。①と②は対ですから、①には「「伝統思想」と「ヨーロッパ思想」の区別［相違］」、②には「「伝統思想」と「ヨーロッパ思想」の同一［共通性］」と題をつけます。

少し説明します。①の内容は「伝統思想とヨーロッパ思想を区別すること自体は間違いではないし、意味もある」とまとめられます。②は「けれども、伝統思想がすでに「伝統化」しているだけではなく、ヨーロッパ産の思想もすでに「伝統化」している」とまとめられます。これをさらに、両者の対がはっきりするようにまとめれば、表題になるのです。

次に（①②）と③の対にも、このレベルでの表題をつけましょう。①と②をまとめたものに、「日本の思想の内容」、③に「日本の思想の形式」とすればよいと思います。つまり、日本の思想の問題は、その内容がどこから来たのか、つまり「伝統思想」か「ヨーロッパ思想」かといったことではなく、その形式、つまり「みな雑然と同居し、相互の論理的な関係と占めるべき位置とが一向判然としていないところ」、「そうした基本的な在り方」にある。そう言っているのです。これが設問［8］の答えです。

以上をまとめれば、全体の図解と表題付けができあがります。

［1］「日本の思想の内容」
①「伝統思想」と「ヨーロッパ思想」の区別［相違］
②「伝統思想」と「ヨーロッパ思想」の同一［共通性］
［2］「日本の思想の形式」

文章全体のテーマと結論は次のようになります。

［1］テーマ
日本の思想の問題とは何か。
［2］結論
日本の思想の問題は、その内容がどこから来たのか、つまり「伝統思想」か「ヨーロッパ思想」かといったことではなく、その形式、つまりみな雑然と同居し、相互の

論理的な関係と占めるべき位置とが一向判然としていないという在り方にある。

これで、まとめの問題の説明は終わりです。どうでしたか。これまでやってきたトレーニングの成果を確認できましたか。さて、次はいよいよ仕上げに入ります。

第八章　テキストの全体を読む

1　テキストの全体を読む

これまで練習してきたことを生かして、少し長めのテキストを読み、テキスト全体の読み方を学びましょう。

テキストの全体を読む

①〔形式の理解〕各段落の関係（対と言い換えと媒介）を立体的に理解する。つまりその関係を図解し表題をつける。これを立体的構成と呼ぶ。

②〔内容の理解〕全体としてのイイタイコトがわかること。つまり、テーマ（問い）と、その問いへの結論（答え）をまとめる。

この①の立体的構成と、②のテーマ（問い）と結論は、結びついている。また、テーマと結論をつなぐ（媒介する）論証部分に、核心的な論理（対と言い換えと媒介）があるはず。

各段落の関係を考えるための読み方

①最初にざっと全体を読んで、立体的構成についての「先入観」（仮説）を持つ。
②そのためには、各段落の一行目に着目する。冒頭のことば、特に接続詞には注意。各段落のラストにも注意する。
③その「先入観」を確認しながら、最初から丁寧に読み直す。
④各段落の内容を箇条書きにまとめる。
⑤各段落の立体的関係を図解し、表題をつける。

練習としてテキストを二つ取り上げます。これらは初めてご覧いただくものではありません。すでに、その中の大切な箇所は取り上げて説明しました。ですから、細部にはあまりこだわらず、全体をつかもうとしてください。なお、説明のために、段落の頭に段落番号をつけました。

これが最後の課題になりますから、やる気のある方は、それぞれ三〇分ほど考えて図表にまとめてみることをおすすめします。

2　脳死をどう考えるか

　では最初に、村上陽一郎著「脳死を考える」を取り上げます。村上は科学史家・科学哲学者として有名ですが、「脳死」を科学的に、かつ社会的にどうとらえるかに正面から取り組んだのが、このテキストです。一九九二年に雑誌に掲載され、後に『生と死への眼差し』に収録されました。

①脳死を巡って、いろいろ論議がなされている。心臓が停まり、呼吸もなくなって、瞳孔の反射も見られない、ということを確認して、医者は臨終を告げる。それがこれまでの死の判定ということだった。今では、ある種の状態では、脳に不可逆的な変化が起きているのに、機械（生命維持装置と呼ばれる）の助けを借りれば、心臓や呼吸の機能を続けさせることができる。その場合は、たとえまだ心臓が動き、呼吸が続けられ、体温があり、その他の「生体」反応があっても、機械を外せば、ただちに

それらは停止するはずだから、その状態で死と判定してもよい、というのが脳死の考え方である。

②では、なぜ今まで永らく採用されてきた死の判定基準を、あえてあらためて、脳死を採用しようと、一部の人々は主張するのだろうか。大まかに言って、そこには二つの大きな理由がある。その第一は言うまでもなく臓器移植である。脳死の状態では、血液は各臓器に届いているのだから、それらの臓器は「生きて」いる。臓器移植のためには、「生き」のよい臓器が不可欠だから、脳死が正式に死と認められれば、「死体」となった対象から、「生きた」臓器を移植用に取り出しても、問題はないことになる。昔の死の判断まで待っていたら、新鮮な臓器は得られないではないか。

③もう一つの理由は、「生の質」(クオリティ・オヴ・ライフとか、その英綴りの頭文字をとってQOLなどとも言われる)という問題に関係する。脳死のような状態で、「生きている」ことが、本当に生きていることになるのか。病院の集中治療室で、身体からさまざまな管やコードをぶら下げ、機械の助けを借りて、ただ生物学的には「生きている」状態にあったとしても、それで、当人は満足できるか。もちろん、そのような状態にあるときには、もはや意識はない(少なくとも外からはそう見える)のだから、本人がそのとき満足であるかないかを問うのは、ナンセンスかもしれない

が、そういう形での「生」が、果たして望むべき「生の質」と言えるのか。この問いは、過剰医療の問題とも絡んで、やはりわれわれにとって大きな挑戦になっている。

④この二つの理由は、一緒くたに議論するわけにはいかない種類の、もともと性格も次元も違うものである。第一の問題では、脳死を採用すると非常に奇妙なことを認めなければならないことになる。今の今まで、医者は、相手を患者さんと呼び、その生命を守るために最善を尽くし、その手段の一つとして、「生命維持」装置も使ってきたのである。ところが、その同じ医者が脳死と認めた瞬間から(外見上は「患者」に何ら変化がないにもかかわらず)、その「患者」はもはや「患者」ではなく「死体」であり、その「死体」につけられているのは「生命維持」装置ではなく「臓器維持」装置になる。臓器を「新鮮かつ健康に」保存するための、言わば冷蔵庫のような装置になるのである。これは周囲の家族や関係者ばかりでなく、当の医者自身にとってさえ、いささかわかりにくい事態ではあるまいか。

⑤そんな議論をしている間にも、移植でしか助からない、臓器利用者の側の患者の生命が失われていく、と言われる。しかし、現在のところ、臓器移植で「助かる」ということを、推進派の医者は、過剰な形で言い過ぎるのではないか。そこに患者やその家族の希望を持たせることが、どれほど残酷で負担の大きいことなのか、その辺に

も問題がある。

⑥第二の問題は、全く個人の価値観の問題である。とくに「死」は、それ自体は最も個人的な現象であるにもかかわらず、それだけでは済まない社会的な拡がりのなかの現象でもある。家族が肉親の「死」を受け容れるには、時間とそれなりの納得できる経過とが必要である、ということも、社会的に認められてきている以上、個人の価値観を、法制化したり、ましてそれをもって、社会全体に適用する「死」の定義とすることは、明らかにおかしい。

⑦とくに日本という社会では、一旦社会的に容認されたり、法律で定められてしまったりすると、社会の成員はすべてそれにしたがって行動すべきであるという、暗黙の強制力が強く働き、それこそ個人の独自の価値観から、異なった判断と異なった行動を取る余地が極めて小さくなりがちである、という点を考慮すると、この点はよほど慎重にならなければならないと信じる。

⑧もちろん、だから、すべてが駄目というわけではない。問題は、第二の問題に関しては、個人の価値観が尊重されるように努力をすることのなかで、脳死を法律上の死として採用しなくとも、自然に解決されることが可能だし、また事実そうした傾向がすでに認められる。そこから、第一の問題についても、少しずつ、臓器の提供があ

りうる方向に進むのではなかろうか。具体的に言えば、本人の意志が事前に明確であり、家族がそれを尊重することも確認できる場合に、「過剰」医療は拒むことができること、そのうえに、しかしそのこととは直接関係なくなお本人の意志によって臓器の提供がありうる、という程度の社会的諒解があれば、おそらくは最も望ましいと私は思う。

⑨あえて率直に繰り返すが、臓器の移植に過剰な期待を抱かせてはいけない。できたとしても多くの場合はさまざまな苦痛が少し延びるだけである、という現状も含めて、それが、たまさかの僥倖であり、天国からカンダタにお釈迦様が垂らした一筋の蜘蛛の糸さながらに、個人の意志と愛、あるいは慈悲のなかから生まれてくる、稀有の事態だということについての認識が保たれていることが、このような医療を支える唯一の条件なのではあるまいか。

このテキストでは、きれいな対比が行われていますので、ざっと読むだけで、全体の構成が浮かび上がるようになっています。各段落の最初と最後に注目してみると、次のようになります。

①脳死を巡って、いろいろ論議がなされている。……というのが脳死の考え方である。

②では、なぜ今まで永らく採用されてきた死の判定基準を、あえてあらためて、脳死を採用しようと、一部の人々は主張するのだろうか。大まかに言って、そこには二つの大きな理由がある。その第一は、言うまでもなく臓器移植である。……。

③もう一つの理由は、「生の質」という問題に関係する。……。

④この二つの理由は、一緒くたに議論するわけにはいかない種類の、もともと性格も次元も違うものである。第一の問題では、……。これは周囲の家族や関係者ばかりでなく、当の医者自身にとってさえ、いささかわかりにくい事態ではあるまいか。

⑤そんな議論をしている間にも、……その辺にも問題がある。

⑥第二の問題は、全く個人の価値観の問題である。……明らかにおかしい。

⑦とくに日本という社会では、……この点はよほど慎重にならなければならないと信じる。

⑧もちろん、だから、すべてが駄目というわけではない。問題は、第二の問題に関しては、……。そこから、第一の問題についても、……という程度の社会的諒解があれば、おそらくは最も望ましいと私は思う。

⑨あえて率直に繰り返すが、……このような医療を支える唯一の条件なのではあるまいか。

こう押さえるだけで、全体の構成をある程度、読みとることが可能です。

①脳死肯定派の根拠
- ②第一
- ③第二

↓

反論
- ④⑤第一への反論
- ⑥⑦第二への反論

↓

代案
- ⑨第一への代案
- ⑧第二への代案

①段落は、テーマの提示でしょう。「脳死」がテーマだと宣言しています。

②段落では、脳死肯定派の大きな根拠（理由）が二つだとし、第一の理由として「臓器移植」をあげています。③段落では「もう一つの理由」として「生の質」をあげています。

④段落からは「この二つの理由」への反論のようです。④段落は第一の理由への反論で、⑥段落からは第二の理由への反論です。⑤は④に、⑦は⑥に付け加えているのでしょう。④段落からが反論だというのは、「わかりにくい」「問題がある」「明らかにおかしい」

といったことばで示されています。また、⑥段落の第二の問題は「個人」の観点だとすると、第一の問題は社会の観点かも知れません。

そして、⑧段落からは、全体のまとめに入っているようです。そして、⑨段落はその主張を繰り返しているようです。⑧段落が重要そうです。そこでは、第二の問題から始めて、第一の問題についても述べています。

以上が、ざっと各段落の最初と最後だけを流し読みするだけで、浮かび上がることです。こうして、テキスト全体についての「先入観」を前もって持つのです。そして、こうした理解の上で、テキストの最初から丁寧に読んでいきます。その際、自分の先入観が正しかったかどうかを確認しつつ、文の流れに乗りながら、各部分の形式（対と言い換え、媒介など）をおさえていきます。

すると、私のレジュメ（次ページ）のような理解になると思います。レジュメの項目を説明しますと、Ⅰは形式段落それぞれの内部で「対」と「言い換え」と「媒介」をまとめたもの（ただし、④段落から⑥段落だけを例示しました）、Ⅱは立体的構成、つまり形式段落の相互の関係の図解と表題付け、Ⅲが文章全体のテーマと結論です。

文章の形式面で一番大事なのは、このⅡとⅢのレベルです。立体的構成の理解によっ

（1）脳死の考え方（二つの死の判定）……①段落
（2）脳死肯定派の理由
①第一の理由……②段落
②第二の理由……③段落
（3）脳死肯定の理由に反論
①第一の理由に対して……④、⑤段落
②第二の理由に対して……⑥、⑦段落
（4）代案（著者の考え）
①第二の理由に対して……⑧段落前半
②第一の理由に対して……⑧段落後半、⑨段落

III　テーマと結論
大テーマは「脳死をどう考えたらよいのか」

（1）テーマ
①脳死肯定派の理由は何か
②それにどう反論するか
③どう代案を出すか
（2）結論
①┏社会的には臓器移植（第一の問題）
　┗個人としての「生の質」（第二の問題）
②┏臓器移植には矛盾がある。「助かる」ことを過剰な形で言う（第一の問題）
　┗個人の価値観は法制化に適さず。特に同質圧力の強い日本では問題（第二の問題）
③┏本人の意志が事前に明確であり、確認できる場合に、過剰医療は拒むことができること（第二の問題）
　┗本人の意志によって臓器の提供がありうる（第一の問題）

村上陽一郎「脳死を考える」

I　各段落内部の形式

④段落……この 二つの理由 は、性格も次元も違うものである。

第一の問題 では、

非常に奇妙なことを認めなければならない。

＝「患者」―「患者」＝「死者」　「死体」につけられたのは―「生命維持」装置＝「臓器維持」装置

「家族や関係者」

「患者」―「医者自身」

⑤段落……

賛成派からの反論

＝「議論をしている間にも、患者の生命が失われていく」

しかし

(再反論) 臓器移植で「助かる」ということを、過剰な形で言い過ぎる

＝そうした希望をもたせることは残酷で大きな負担　→9段落

⑥段落…… 第二の問題

「死」は

もっとも個人的な現象であるにもかかわらず、

社会的な拡がりのなかの現象で も ある。

個人の価値観を

社会全体に適用する「死」の定義とする―明らかにおかしい

II　立体的構成

(1)→(2)［①第一の理由／②第二の理由］→(3)［①第一の理由／②第二の理由］→(4)［①第二の理由／②第一の理由］

て、テーマと結論の読みとりが変わります。テーマと結論は、立体的構成と切り離せません。このIIとIIIの段階は難しいですから、最初からすぐにはできないと思います。最初のうちは、各段落の内容を箇条書きにまとめ、それを見ながら、各段落の全体的な関係を考えてみるとよいでしょう。

さて、この段階ができると、一応、テキストを「読めた」ということになります。そして、普通は、ここまでで、形式の読解は終わりとされます。

しかし、本当の読みは、ここから始まるのです。「なぜ、著者はこうした構成にしたのか」。それをじっくりと考えてみるのです。それが、著者のイイタイコト、テーマと結論に正しく対応しているかどうか、構成に不自然な点や、論点で漏れている点はないか、などを考えます。

そうすると、改めて、著者の深い考えに驚き、強くうなずくこともあるでしょう。しかし、場合によっては疑問が出てくることもあります。そして、この段階で初めて、著者の考えの是非を、深く検討できるのです。

このテキストでは、著者は脳死肯定派の根拠を二点あげ、それぞれを反駁《はんばく》しつつ、それぞれに代案を出しています。この構成は、ひじょうにわかりやすいし、説得力があります。また、最後に「代案」を出して終えている点に、私は感心します。普通は、反論とその根拠をあげて終わりにすることが多いのです。そうした文章と比較すると、代案まで出しているこのテキストは、はるかに高いレベルにあります。相手の提起している問題を切り捨てるのではなく、共に考えようとする姿勢が出ていて、好感を持てます。

しかし、疑問もわいてきます。テキストでは、脳死における二点の根拠を中心に展開されるのですが、この二点の相互関係については、ほとんど触れられていないのです。二つですから、対になっていることが予測できるのですが、それには触れられていません。ただバラバラにあげられているだけです。そのために、一箇所、文の流れがとてもわかりにくい点があります。

それは⑧段落です。ここの叙述は、第二の問題から始まって、第一の問題へと移っています。ここにつまずいた読者は多いはずです。なぜなら、それまではすべて、第一から第二の問題への順番で流れていたからです。なぜ、ここで、いきなり順番が逆転したのでしょうか。

第二の問題こそが核心で、そこから第一の問題を考えるしかなかったからです。では、最初から、順番を入れ替えておけばよかったのではないでしょうか。そうすれば、最後で急に逆転する必要はなかったはずですから。

しかし、そうはいかない理由があったのです。脳死は臓器移植の要請から議論されていました。したがって、読者にとっては、脳死と言えば、まずは臓器移植の問題として受け止められます。ですから、それを第一に取り上げたのです。むしろ、著者のように、第二の点をあげる議論は当時は少なかったのです。そして、この第二の点を深めて、そこに臓器移植の問題の解決の道をさぐったのが、著者の功績でしょう。

しかし、その結果、文章はわかりにくい構成になりました。

ではどうすればよかったのでしょうか。第一の臓器移植と、第二の「生の質」の内的な関係を示せばよかったのです。これは社会と個人の対ですが、死の判定において根本にあるべきなのは第一点ではなく第二の点だと明らかにしておくのです。それを⑧段落の前に、一つの段落として入れ、その上で⑧段落で第二点から始めるならば、読者にとってわかりやすいし、その説得力はさらに強いものになったと思います。

たとえば、⑧段落の前に次のような段落を入れたらどうでしょうか。

「脳死は、確かに第一点、つまり臓器移植のために社会的に要請されている。しかし、死とは何よりも、その死んでいこうとする本人(個人)とその家族のものであり、彼らの意志こそが第一に尊重されなければならないだろう。社会的な要請という圧力で、それが抑圧されてはならない。つまり第二の点こそを、第一に考えなければならないのだ。」

さて、以上はテキストの構成全体に関わることでした。それほどの問題ではありませんが、実はもう一箇所わかりにくい叙述があります。⑥段落の前半と後半のつながりです。前半は、死を個人の問題から「社会的な拡がりのなかの現象」とし、「家族」の問題でもあるとしています。これは死の問題を、単に個人から家族などへと広げたものです。そして、そのことが「社会的に認められてきている以上」と受けていますから、その後には「死を社会的にも考えていく必要がある」といった内容が来ると推測されます。ところが、その正反対で、「法制化」や「社会全体に適用する「死」の定義」の否定が来るのです。これはわかりにくいと思います。

この段落では、死は個人だけではなく、その家族などをも含めた小さな社会の問題だとし、「だから」その小さな社会それぞれの意志を尊重すべきだとした上で、「しかし」小さな社会を超えて、一律の社会全体の基準を外的に強制することは許されない、と展開したら、よかったでしょう。

つまり、個人と社会という語句が、十分に整理されないままに使用されていることが、このテキストをわかりにくくしているようです。

以上、立体的構成を検討してきました。構成の検討、あるいは代案を考えること、これこそが、本当の「批判的な読み」「主体的な読み」です。なぜなら、こうして初めて、著者の考えの是非を検討でき、そこから自分自身の考え(かっこよく言えば「思想」)を作っていくことができるからです。つまり、著者のテーマ設定、その議論の進め方、その答えの妥当性、それを考え、その不十分な点を補うように、最後に、自分が代案を書くのです。それはもはや、自分のオリジナルな考えの芽生えになっているはずです。

こうした練習を重ねていくと、新聞や雑誌でも、随分とずさんな議論が通用してしまっていることにも気づくでしょう。そして、十分警戒しながら、そうした議論との付き合い方を学べるでしょう。

こうした「批判的な読み」「主体的な読み」は、実は一番最初の「対の意味を考える」段階から始まっていました。自分の頭で論理を考え、著者の論理を批判していく。それによって、自分の考えを作り、自立していくことが可能になります。

★真の「批判的な読み」「主体的な読み」は、立体的構成の代案作成から始まる
★「自分の思想」を作るのが本来の目的

形式を読むこと、論理を読むことは、実は内容の理解を深めていくことに他なりません。しかし、普通に「批判的な読み」「主体的な読み」と言うときは、主にテキストの内容面について、その吟味をすることを意味します。その前に、形式面の徹底的な検討が必要なわけです。

さて、形式の検討を終えたならば、いよいよ内容の検討に入ります。この段階で注意していただきたいのは、あくまでも自分の問題意識、自分の生活実感を大切にすることです。ただ単に、著者に賛成したり、反対するだけでは、しょうがないでしょう。

私は次のような図をよく描きます。

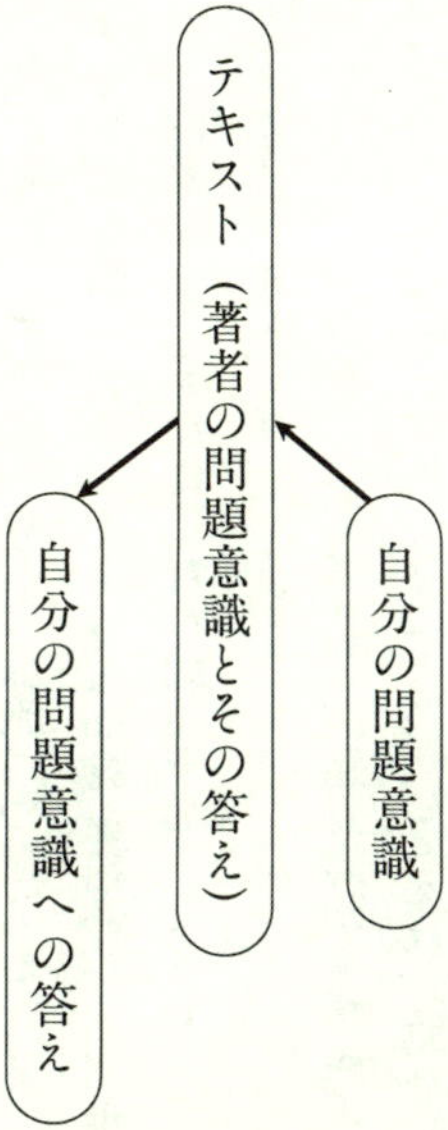

私たちが、テキストや本を意識的に選ぶときは、普段から疑問に感じていることに関係するものを選びます。不十分な知識を補ったり、世間の一般的な考え（賛成論も反対論も）を理解したり、または新たな問題を知ったりします。それによって、自分で自分の疑問に答えを出すためです。

そうした読み方では、当初の問題意識からすべてが始まります。中心はアナタで、他者（テキストの著者）ではありません。たとえば、脳死に関心がある人が、この脳死のテキストを選んだ場合は、自分の考えと比較したり、自分の疑問の答えをさがしながら読むと思います。

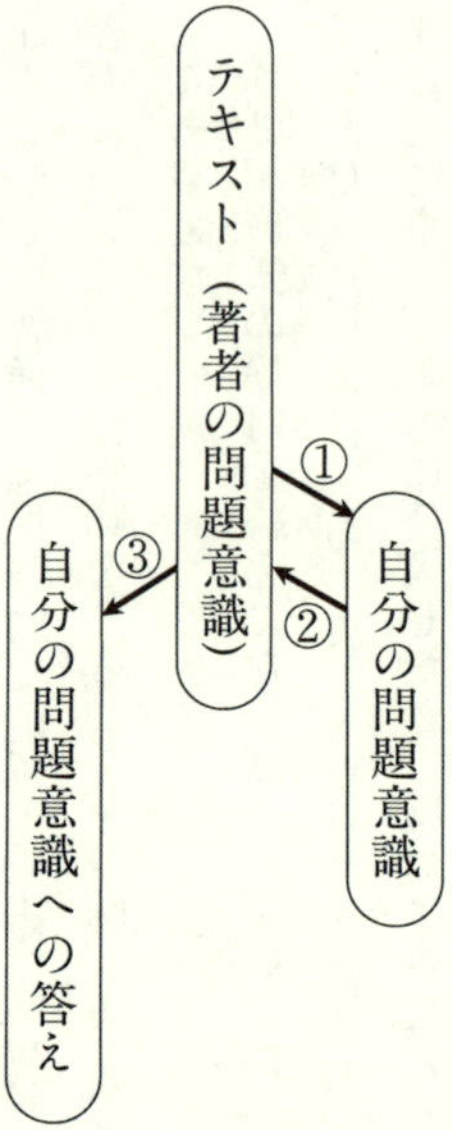

しかし、私たちが何かを読むのは、そうした明確な問いのためだけではありません。新聞、雑誌やウェブサイトなどで、たまたま読んだテキストから、新たな疑問を持ったり、弱かった問題意識を強めたりもします。そして、その疑問から、再度そのテキストを読み直したり、他の関連テキストを探すことになるでしょう。

いずれの場合も、読者自身の経験や実感によって内容の是非を検討することを、私はお薦めしたいのです。確かに、脳死や臓器移植のような場合、専門的ですし、特殊ですから、経験がない人がほとんどでしょう。だからこそ、逆にリアルに実感に即して考えたいのです。そのために、自分の親が病室で死を迎えようとしている場面を思い浮かべてみましょう。まだ心臓が動き、体が温かな状態で目の前に母親が横たわっています。そこでアナタは、母の脳死を受け容れることが、本当にできるでしょうか。

しかし、脳死そのものには、なかなか関心を持てないかも知れません。そうした場合は、自分の普段の生活経験と響き合う箇所がないかを考えるのです。たとえば、⑦段落で取り上げている「社会で働く暗黙の強制力」の問題はどうでしょうか。これは日々、誰もが直面していることです。周囲から浮き上がったり、ＫＹ（空気読めない）と揶揄《やゆ》されたりした経験、またはある日突然にハブりが始まり、しばらくいじめに苦しんだことなどを思い浮かべてみるのです。すると、この著者の、視点、姿勢、立場を、実感から考えることができますし、読者も自分の立ち位置を振り返ることができます。こうした形で、読者自身の問題意識から読む、または自分の問題意識を広げ、深めていくことを意識的に追求するのが、内容面での主体的な読みだと思います。

経験や生活実感を大切にするのは、そこにこそ、論理が動いているからです。論理とは、本や頭の中だけにあるのではありません。私たちの生きているあらゆる場面で論理が活躍しています。そうした論理を見抜いていく力を、何とか身につけたいものです。

★内容の是非を検討する際には、読者自身の経験や実感によって吟味する

3　遺伝子決定論の不自由と、媒介による自由

次は、岩井克人著「遺伝子解読の不安」です。岩井は経済学者ですが、評論家としても活躍しています。『ヴェニスの商人の資本論』『貨幣論』『会社はこれからどうなるのか』などは話題になりました。このテキストは二〇〇〇年八月に、朝日新聞に掲載されたもの

です。

①去る六月二十六日、米国のクリントン大統領は記者会見を行い、米ベンチャー企業セレラ・ジェノミクス社と日米欧の国際研究グループがそれぞれ「ヒトゲノム」の解読作業をほぼ完了したと発表しました。

②ヒトゲノムとは、「人間の設計図」とでもいうべきものです。それは人間のDNAを構成する四種類の化学物質（塩基）が三十二億続く配列のことで、その中の遺伝子とよばれる部分が脳や血液や骨や内臓となるたんぱく質を作る指令を出し、人間の成長から老化までのあらゆる生命現象をつかさどっているのです。その三十二億の配列がほぼ解明されたというのです。

③クリントン大統領は、「遺伝子情報を利用した新しい薬づくりの幕開けであり、病気の治療や診断、予防についての新たな時代が始まる」と述べて、先陣争いを演じた二つの陣営をたたえました。世界の製薬会社は巨大なビジネス分野の出現に興奮し、競って新薬開発に乗り出しています。

④だが、このような経済界の興奮とは裏腹に、人びとの間では言い知れぬ不安が広がっています。それは自分の運命はあらかじめ決まっているのではないかという不安

です。それは、人間が人間であることの証《あかし》であるべき「自由」とは、遺伝子情報に関する無知ゆえの幻想にすぎなかったのではないかという形而上学的不安です。

○

⑤二十年前、人間は希望をもっていました。人間とは本来的な可塑性をもつ存在であり、その本性の大部分を後天的に習得するのだという「環境説」が大きな力をもっていたからです。

⑥だが、この二十年間に事態は大きく変わりました。生物学の進展によって、親からの遺伝が人間の能力や性格や行動パターンに決定的な影響を与えていることが次々と明らかになってきたのです。事実、新聞やテレビは毎週のように、性格やアルコール依存度、職業の選択や性的な嗜好《しこう》などを左右する遺伝子の発見を告げています。異なった環境で育てられた一卵性双生児に関する研究は、攻撃性や道徳心や知能水準などの八割近くが遺伝によって説明できるという報告を行っています。

⑦遺伝学には、ナチスによって民族浄化のために悪用されたという忌まわしい過去があります。それゆえ、良心的知識人の間ではこのような研究動向に関して強い警戒心がいまだに残っています。だが、環境説と遺伝説との間の長年の対立がいま大きく「遺伝説」に傾きつつある事実は、だれも否定することはできないでしょう。

⑧そして、このような学問的趨勢《すうせい》をその極限にまで推し進めてきたのが、ハーバード大学名誉教授のエドワード・ウィルソン博士です。アリの生態学の第一人者であり、生物多様性の概念の提唱者であり、社会生物学という学問の主導者でもある博士は、二年ほど前に出版した『知識の統一』という本の中で、経済学や人類学から倫理学や宗教や芸術まで、人間に関するあらゆる知識はすべて遺伝学、さらにはその基礎をなす分子生物学に還元されるべきだという考えを提示しました。

⑨私たち人類は長い進化の過程の中で、社会生活を営むために望ましい行動パターンを生み出すさまざまな遺伝子を蓄積してきました。その遺伝子によって脳の内部にあらかじめ書き込まれた行動パターンの総計こそ、社会的な生物としての「人間の本性」に他ならないと博士は主張するのです。この事実を無視してきた従来の社会科学や人文学は無意味であり、新たな基盤の上に再構築される必要があると言うのです。

○

⑩どうやら私は二十一世紀には失業の憂き目にあいそうです。あのセレラ社がヒトゲノムの中に人間の経済活動を支配する遺伝子を見つけてしまえば、経済学者の仕事はもはや終わってしまうということです。

⑪だが、本当にそうなのでしょうか？（本当に私は失業するのでしょうか？）本当

に人間の経済活動、より一般的には人間の精神活動は、ヒトゲノムの中の遺伝子の作用に還元されてしまうのでしょうか？

⑫もちろん、答えは「否」です。ウィルソン博士の世界的な権威にもかかわらず「否」です。そして私がそう答える理由は、だれもが知っている事実にあります。人間は「言語」を語り、「法」に従い、「貨幣」を使う生物であるからです。

⑬人間は社会的な生物です。だが他の社会的な生物とは異なり、人間はお互い同士の直接的な関係によって社会を形成するのではありません。人間はそもそも言語を媒介としなければ集団を形成できません。法を媒介としなければ共同体を形成できません。貨幣を媒介としなければ交換関係を形成できません。社会的な生物としての「人間の本性」には、それゆえ、人間と人間とを関係づける「媒介」としての言語や法や貨幣が必須の存在として含まれているのです。

⑭もちろん、セレラ社がどんなに調べても、ヒトゲノムの中に言語や法や貨幣に対応する遺伝子など見いだすことはできないでしょう。たしかに人間は言語や法や貨幣を媒介とする能力を遺伝的に蓄積してきました。だが、言語それ自体、法それ自体、貨幣それ自体は、人間の脳の内部にあらかじめ埋め込まれているわけではないのです。言語も法も貨幣も、少なくとも生まれたての人間にとっては、まさに脳の「外

部」から与えられる存在なのです。

そして、まさにここに人間の「自由」の可能性が生まれてくるのです。

⑮それは、人間が言語や法や貨幣を自由に創造しうるから自由であるという意味ではありません。それではかつての「環境説」に戻ってしまいます。それは逆に、言語や法や貨幣が一個の人間には自由にならない外部の存在であることが、人間に人間としての自由の可能性を与えるということなのです。

⑯言語と法と貨幣とは歴史的な存在です。それは、人間の記憶の遠い彼方《かなた》に起源をもち、人間から人間へと継承されてきました。そしてそれは、長い進化の過程の中で、個々の人間の認識や目的や欲求をはるかに超えた、意味の体系、規範の体系、価値の体系をそれぞれ築きあげてきたのです。

○

⑰ユートピア主義者たちは、媒介のない社会——言語も法も貨幣もない社会を夢見てきました。しかし、私たち人間は言語を語り、法に従い、貨幣を使うことによって、私たちを超えた意味や規範や価値の体系を自分のものにすることができるのです。そして、まさにそのようにして手に入れた超越的な立場から、一個の生物としての自分の認識や目的や欲求を相対化することができるようになるのです。自分を見る

もう一つの目――「外部」からの目を手に入れるのです。それによってはじめて人間は、自分の「内部」に遺伝的に書き込まれた行動パターンの総計としての存在から「自由」になる可能性をもつのです。すなわち、人間が人間になるのです。
⑱「言語・法・貨幣」に乾杯です。
⑲私はもちろん、自分の失業が回避されたことを祝っているのではありません。ヒトゲノムの解読にもかかわらず、人間が自由であり続ける可能性を祝っているのです。

脳死に関するテキストのように、各段落の冒頭と一行目だけで、全体がわかるような構成ではありません。

①段落から④段落では、「ヒトゲノム」の解読作業がほぼ完了したことと、人々の間で不安が広がったことが述べられます。⑤段落から⑦段落では、「環境説」と「遺伝説」の長年の対立が「遺伝説」の勝利で終わったように見えると述べています。⑧、⑨段落は、「遺伝説」優位を代表するハーバード大学名誉教授の言説の紹介です。彼は、遺伝子で社会的な生物としての「人間の本性」のすべてが解明できると述べているようです。

⑩段落からが、著者の主張です。

⑩、⑪落で問題提起。「人間の精神活動は、ヒトゲノムの中の遺伝子の作用に還元されてしまうのでしょうか?」。⑫段落で、端的に「否」と述べ、その理由を説明していきます。⑬段落から⑯段落までの説明を、⑰段落以下がまとめています。もちろん、大切なのは⑰段落でしょう。

ざっとわかることは、この程度ですね。前半では「環境説」と「遺伝説」の大きな対があります。それと「自由」がどう関係するのでしょう。また、「ヒトゲノム」の解読で、なぜ「遺伝説」が勝利したのでしょう。それが、なぜ人間の自由が脅かされ、不安が広がることになるのでしょう。

⑬段落から⑰段落は、難しそうです。丁寧に読んでいかないと、わかりません。しかし、ここにポイントがあることがわかれば、最初の段階としては十分です。

こうした「先入観」をまず持って、これを確認するような気持ちで、丁寧に読み直します。私の理解は次ページのレジュメを見てください(ただし、Iの各段落内部の形式は、⑤段落から⑦段落と、⑰段落だけを例示しました)。

この構成は、よくできていると思います。前半で、「ヒトゲノム」の解読作業完了とい

＝　それによって

はじめて人間は　→　自分の「内部」に遺伝的に書き込まれた行動パターンの総計としての存在から「自由」になる可能性をもつ

＝ すなわち 、人間が人間になるのです。

II　立体的構成

（1）問題の背景（ヒトゲノムの解読による状況）

①ヒトゲノムの解読による人びとの不安　……①段落から④段落

②背景　遺伝説と環境説　……⑤段落から⑦段落

③環境説の極限の言説　……⑧、⑨段落

（2）問題と答え

①問題提起　……⑩、⑪段落

②答え　「否」　……⑫段落

③説明　……⑬段落から⑯段落

④まとめ　……⑰段落から⑲段落

III　テーマと結論

（1）テーマ

人間の社会活動は、ヒトゲノムの中の遺伝子の作用に還元されてしまうのか

（2）結論

否。理由は、人間は「言語」を語り、「法」に従い、「貨幣」を使う生物であり、それらによって社会をつくってきた。そして、これらの媒介によって、直接的な遺伝の支配から自由になることができるからである

岩井克人「遺伝子解読の不安」

I　各段落内部の形式

第⑤段落　二十年前、人間は希望をもっていました。
＝「環境説」が大きな力をもっていたからです。
＝人間とは本来的な可塑性をもつ存在であり、
　その本性の大部分を後天的に習得するのだ。

第⑥段落　だが　生物学の進展によって、
親からの遺伝が人間の能力や性格や行動パターンに決定的な影響を与えていることが次々と明らかになってきたのです。

第⑦段落　良心的知識人の間ではこのような研究動向に関して強い警戒心
＝遺伝学には、ナチスによって民族浄化のために悪用されたという忌まわしい過去

だが

「環境説」と
「遺伝説」と　の間の長年の対立が、いま大きく
「遺伝説」に傾きつつある。

第⑰段落

ユートピア主義者たちは、媒介のない社会を夢見

しかし

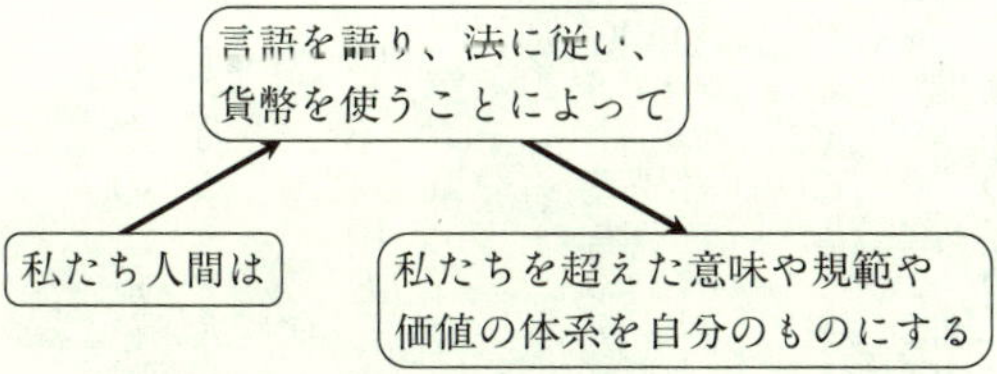

言語を語り、法に従い、
貨幣を使うことによって
私たち人間は
私たちを超えた意味や規範や
価値の体系を自分のものにする

＝一個の生物としての自分の認識や目的や欲求を相対化する
＝自分を見るもう一つの目―「外部」からの目を手に入れる

う当時話題になった社会的トピックから始め、「環境説」と「遺伝説」の対立を出すことで、問題を一般化し、深めています。当時の人々の多くに広がった不安に寄りそいながら、その不安をこうした概念で跡づけているのです。「遺伝説」は勝利したのか？「自由」は完全に失われたのか？

「遺伝説」優位から生まれた極論を、正面から否定した上で、後半で、著者の主張を展開しています。「言語・法・貨幣」という、人間の外の媒介を必要とするからこそ、人間は遺伝子による決定から自由になれる、というのが結論ですね。

その説明も、媒介を使用して、わかりやすく説明しています。内と外、不自由と自由の対や矛盾も、薬味として十分に効いています。この核心部分は、すでに第六章「媒介」で取り上げ説明しました（149ページ）。それを参照してください。

著者の「遺伝」決定論への批判は妥当だし、媒介を否定するユートピア主義者の例も、わかりやすいと思います。

しかし、構成で疑問点はないでしょうか。私は、前半の「環境説」と「遺伝説」の対立が出されたままで終わっていることが気になります。著者は、「遺伝説」の極論には反対しましたが、では「環境説」の立場なのでしょうか。⑮段落に「それではかつての「環境説」に戻ってしまいます」とあるので、「環境説」にも反対のようです。しかし、「環境説」でも「遺伝説」でもない立場とは、どのようなものなのでしょうか。

また、⑰段落以下のまとめの冒頭に、「ユートピア主義者」が突然登場するのはなぜでしょうか。彼らが著者とは正反対の立場の例として出されているのはわかるのですが、「環境説」と「遺伝説」のどちらの立場の例として出されているのでしょうか。まさか、彼らは「遺伝」決定論の側にはいないでしょう。

彼らの意識は「遺伝説」の対極にあり、だからこそ「自由」を求めて、「言語・法・貨幣」を否定したのでしょうから。もっとも、そのつもりが、実際には「遺伝説」と同じになってしまっているというのは、強烈な皮肉です。しかし、「遺伝説」のもたらした「直接性」「無媒介性」を、ユートピア主義者の求める「直接性」「無媒介性」と同じだとしてよいのでしょうか。そこには、大きな違いもあるのではないですか。


つまり、このテキストには「環境説」「遺伝説」「ユートピア主義者」の三者が登場し、著者も含めて全部で四つの立場があるのですが、その四者がどう関係しているのかが、わかりにくいのです。

もちろん、このテキストは新聞に掲載されたものであり、学術論文ではありません。もっぱら、読者に問題提起をすることを目的にしていると思います。そうしたテキストに、こうした不備を指摘してもしょうがない、と言うこともできます。しかし、そうしたテキストからも、こうした疑問を見いだし、それを考えていくことを、私はお薦めしたいのです。他でもなく、自分の考えを作っていくチャンスを、いつでも生かしたいからです。

ちなみに、私は四者の関係を次図のように整理してみました。

- 自由と不自由を対立の面でだけ考える
  - 遺伝説（人間は遺伝で決定される）　〈極端な例がウィルソン博士〉
  - 環境説（人間は環境で決定される）
    - 法律や社会的ルールを認める　〈普通の環境説支持者たち〉
    - 法律や社会的ルールを認めない　〈ユートピア主義者〉
- 自由と不自由を相互関係（媒介）で考える　＝著者

私の試案が正しいかどうかはわかりませんが、こうした練習を重ねていくことが有効だと思います。

さて、形式面の検討が終わった段階で、内容に入ることにしましょう。ここで問題になっていることは、すべての人々が経験していることです。私たちは誰もが、日々、言葉と法律と貨幣で、周囲の人々と関わっているからです。そこでたくさんの悩みと苦しみを、そして時々は少々の喜びや楽しみも味わっているはずです。そこで、自分に問うのです。「自分は、著者の立場か、ユートピア主義者の立場か。どちらで生きているだろうか」。それも、実際に困ったこと、悩んだこと、苦しんだこと、あるいはその逆に嬉しかったこと、幸福だったことなど、具体的な経験、事例に即して考えてみたいですね。それによって、自分の考えをはっきりさせるためです。また、場合によっては、そこから自分の考えの一部を修正することになるかもしれません。これが主体的な読解だと思います。

この際も、二つの立場でだけ検討するよりも、先の四つの立場のどこに自分が位置するかを考える方が、考えは深まるでしょう。

では以上で、テキストの全体を読む練習を、終わりにします。

4　これからの練習方法

ここまでやってきたことを整理すると次のようにまとめられます。

ステップ1　論理をおさえる　論理の3点セット（対・言い換え・媒介）

↓

ステップ2　文の流れをおさえ、そこに論理を読む

↓

ステップ3　テキストの全体を読む

↓

ステップ4　主体的に読み、自分の考えを作る

さて、これからどう「論理トレーニング」を行っていったらよいのでしょうか。毎週一回は、適当な長さの論理的な文章を丁寧に読み解く練習をすることです。ステップ1からステップ4までを実際に行ってみるのです。できれば、私のレジュメのような形にまとめると効果的です。

私がたくさんの人を指導してきた経験では、この練習を始めて、三ヵ月ほどすると、自分の読み方が変わってきたことに気づけるようです。以前と違って、文章が立体的に見えるようになるのです。そこからはぐんぐん伸びていきます。

ステップの最後が、「自分の考えを作る」になっていることに注意してください。本書では、論理的に読むことを、徹底的に練習してきたわけですが、それは取りあえずは他人の考えを深く理解するためでした。しかし、それだけならあまり意味がありません。最終的には、自分自身の考えを作っていくことが本当の目的だと思います。他人の考えは、そのための媒介（手段）にすぎないはずです。

現在、私たちの社会は大きな転換期を迎えています。高度経済成長はすでにはるか昔に終わり、全く新しい世界が生まれています。にもかかわらず、以前の制度や価値観、意識が今も支配しています。もちろん、あちらこちらで、既成の枠組みの破綻が露呈し、そのきしみが、あらゆるところから響いています。新たな世界をとらえ、それに対応する制度を作ろうと、一部の良識的な方々が努力はしています。しかし、誰もそれに成功していません。読者のみなさんは、こうした世界に放り出されているのです。有効な武器は与えられていません。それは苦難の時代ですが、自分で生きていく力を磨くまたとない好機だとも考えられます。自立するしかないのです。

本来は、教育界が、そうした役割を果たすべきです。しかし、古い意識の人々にそれを望んでも不可能なようです。

そこで代案を用意しました。本書がそれです。本書で示したトレーニングは、みなさんが自分で生きていくための武器になると思います。

さあ、後は、読者のみなさん次第です。

おわりに

本書のタイトルは最後の最後まで決まりませんでした。すでに類書が多数出版されていて、どんなタイトルにしても、他とかぶってしまうのです。私としては、「論理トレーニング」と「国語教育」を結びつけたものにしたかったのですが、結果はご覧の通りになっています。

類書はすでに多数あります。多くの方々は、それらのいくつかをすでに試されていることと思います。ですから、本書を読み終えた読者の方々には、最後にもう一度、どの方法を選ぶかを考えてほしいと思います。また、書店でこのページを開き、本書を購入するかどうかを思案している方もいるかも知れません。そこで、最後に、方法と能力の関係について、私見を述べておきたいと思います。選択の際に参考にしていただけると思うからです。

「論理トレーニング」に限りませんが、すべてには固有の方法があります。そして、あらゆる方法は、実は能力と結びついています。方法にはそれに対応した能力が必要であり、その方法によって高められる能力の範囲は決まっています。しかし、このことはまるでタブーであるかのように、語られることがありません。そして、この能力の観点こそが、論理の方法を選択する際には、一番重要だと思います。

たとえば、「マニュアル」を考えましょう。これも、もちろん方法の一つです。外食産業などの接客マニュアルを思い浮かべてください。その特色は、かなり低い接客能力の人を前提に、大量に、最短の時間で、とりあえず最低限の社会的基準を、クリアすることを目標にしていることです。しかも、「低い能力」のままでです。これはすごいことですね。すべての分野をマニュアルが席巻しているのはこのためでしょう。ただし、この方法の難点もまたそこにあり、ここには「低い能力」を最低限の社会的基準以上に高める仕組みはありません。その結果、どんな客にも同一のパターンを、機械のように永遠に繰り返すだけです。笑い方も決まっています。相手を見ての対応などは不可能です。しかし、それはないものねだりでしょう。

すべての方法には、それぞれの目標があり、前提とする能力、その方法によって高められる能力のレベルが決まっているのです。それをしっかりと見極め、自分が求めている能力にふさわしい方法を選ばなければならないでしょう。本当のことを言えば、多くの方法は、能力の現状をそのままに、それをいかに有効に使えるかだけを問題にしています。また、だからこそ、選ぶ側も気楽に安心して選べるのでしょう。
私の方法は、能力を伸ばすこと自体を第一の目的としています。ですから努力が必要ですし、「最短時間」で「効率よく」とはいきません。しかし論理の根本をおさえているからこそシンプルで、中学生以上のすべての人に可能であり、どのような状況でも使っていただけるはずです。そして、この方法は使えば使うほどに、能力を高めていけるのです。そして、高まった能力によって、この方法はさらに威力を発揮していきます。

こう言ったからといって、私の方法が完璧だなどと思っているわけではありません。むしろ逆で、まだまだ粗削りで、不備が多いことを自覚しています。ただ、今の時代に、大きな方向性だけは示しておきたかったのです。本書の方向性に賛成の方々と協働して、この方法をより完成された、強靭《きょうじん》なものにしていくためです。こうした方向で、日本の国語教育を変革し（「チェンジ」です）、言語学や文法なども見直していくためです。主張や思想、政策や法律などでも、その論理や、その能力がもっと厳しく問われるようにしていくためです。

論理について語るのは恐ろしいことです。私たちの前には、偉大な先人たちが何千年にもわたって積み上げてきた遺産が、高く厳しく屹立《きつりつ》しています。しかし残念ながら、それらのほとんどが死蔵されたままになっています。ですから、私はその遺産をしっかりと受け継ごうと努めてきました。私塾で四半世紀にわたり続けてきた苦闘の結果が本書の内容です。

先人としては、まず、牧野紀之氏の名前をあげなければなりません。彼はヘーゲル哲学の研究者で思想家です。私は三十代の約十年を氏のもとで修業しました。本の読み方、文章の書き方、ものの考え方を教わりました。それが本書の基礎になっています。

そして、何と言っても、感謝しなければならない先達がヘーゲルその人です。ヘーゲル哲学、特に彼の論理学は、それまでの人類の哲学史の総決算でもあり、くめどもつきぬ知恵の源泉です。そこから学んだものが、本書の基底を作っています。しかし、本書では「弁証法」ということばは一切出していません。ヘーゲル哲学の最大の後継者はマルクス・エンゲルスだということになっていますし、私も多くを学びました。しかし「唯物弁証法」ということばや、エンゲルスの定式化した「弁証法の三大法則」(質量の転化、対立物の相互浸透、否定の否定)なども使用していません。

こうしたことばを振り回してきた方々と、一線を画しておきたいからです。ちなみに、ヘーゲルを読むと、彼自身は「弁証法」ということばをほとんど使用していないことがわかります。

さて、先人たちへの感謝の次は、弊塾で私の授業を受講してくれた多数の元生徒たち、大学生・社会人のゼミの参加者のみなさん、三年前と昨年に行った論理トレーニングの学習会のメンバー、特に江口朋子さんと守谷航くん、鶏鳴学園の同僚である松永奏吾氏に感謝せねばなりません。

そして、最後になりますが、本書刊行のパートナーである、講談社現代新書編集部の岡本浩睦部長、二見有美子副部長には、最後まで支えていただきました。煩雑な作業に最後まで丁寧につき合っていただいた二見さん、本当にありがとうございました。また、本書のもとになっているのは、二〇〇七年に月刊『国語教育』に連載した「『論理トレーニング』としての『読解』指導」です。その節は編集の青木陽子さんにお世話になりました。これらの方々に再度、深謝。

なお、本書では、「読む」ことの練習ばかりで、「書く」ことの練習までは手が回りませんでした。しかし、「批判的に読む」ことから「自分の考えを作る」ことができると知った読者のみなさんには、「読む」ことが、実は「書く」ことであることを理解していただけるでしょう。「書く」ことの詳細については、拙著『脱マニュアル小論文』(大修館書店)にまとめてありますから、関心のある方は参照してください。

では、読者のみなさんの論理トレーニングの成果があがることを祈っています。

鶏鳴学園代表
中井浩一
二〇〇九年一月五日

鶏鳴学園
〒113―0034　東京都文京区湯島1―9―14　プチモンドお茶の水301号
鶏鳴学園ホームページ http://www.keimei-kokugo.net/

講談社現代新書　1981

正《ただ》しく読《よ》み、深《ふか》く考《かんが》える　日本語《にほんご》論理《ろんり》トレーニング

二〇〇九年二月二〇日第一刷発行

著　者　中《なか》井《い》浩《こう》一《いち》

発行者　中沢義彦
発行所　株式会社講談社
東京都文京区音羽二丁目一二―二一　郵便番号一一二―八〇〇一
電　話　出版部　〇三―五三九五―三五二一
販売部　〇三―五三九五―五八一七
業務部　〇三―五三九五―三六一五
装幀者　中島英樹
印刷所　凸版印刷株式会社
製本所　株式会社大進堂

定価はカバーに表示してあります　Printed in Japan

N.D.C. 816 260p 18cm
ISBN978-4-06-287981-1

「講談社現代新書」の刊行にあたって

教養は万人が身をもって養い創造すべきものであって、一部の専門家の占有物として、ただ一方的に人々の手もとに配布され伝達されうるものではありません。

しかし、不幸にしてわが国の現状では、教養の重要な養いとなるべき書物は、ほとんど講壇からの天下りや単なる解説に終始し、知識技術を真剣に希求する青少年・学生・一般民衆の根本的な疑問や興味は、けっして十分に答えられ、解きほぐされ、手引きされることがありません。万人の内奥から発した真正の教養への芽ばえが、こうして放置され、むなしく滅びさる運命にゆだねられているのです。

このことは、中・高校だけで教育をおわる人々の成長をはばんでいるだけでなく、大学に進んだり、インテリと目されたりする人々の精神力の健康さえもむしばみ、わが国の文化の実質をまことに脆弱なものにしています。単なる博識以上の根強い思索力・判断力、および確かな技術にささえられた教養を必要とする日本の将来にとって、これは真剣に憂慮されなければならない事態であるといわなければなりません。

わたしたちの「講談社現代新書」は、この事態の克服を意図して計画されたものです。これによってわたしたちは、講壇からの天下りでもなく、単なる解説書でもない、もっぱら万人の魂に生ずる初発的かつ根本的な問題をとらえ、掘り起こし、手引きし、しかも最新の知識への展望を万人に確立させる書物を、新しく世の中に送り出したいと念願しています。

わたしたちは、創業以来民衆を対象とする啓蒙の仕事に専心してきた講談社にとって、これこそもっともふさわしい課題であり、伝統ある出版社としての義務でもあると考えているのです。

一九六四年四月　野間省一

知的生活のヒント

日本語・日本文化